U0534451

本书受"东北师范大学哲学社会科学青年教师优秀学术著作出版资助项目"资助

Study on the Human Resource Allocation of the Northeast China

东北地区
人力资源配置研究

陈 雷⊙著

中国社会科学出版社

图书在版编目（CIP）数据

东北地区人力资源配置研究/陈雷著. —北京：中国社会科学出版社，2018.12
ISBN 978-7-5203-0469-6

Ⅰ.①东… Ⅱ.①陈… Ⅲ.①人才—资源配置—研究—东北地区 Ⅳ.①C964.2

中国版本图书馆 CIP 数据核字（2017）第 126589 号

出 版 人	赵剑英
责任编辑	卢小生
责任校对	周晓东
责任印制	王　超

出　　版	中国社会科学出版社
社　　址	北京鼓楼西大街甲 158 号
邮　　编	100720
网　　址	http://www.csspw.cn
发 行 部	010-84083685
门 市 部	010-84029450
经　　销	新华书店及其他书店
印　　刷	北京明恒达印务有限公司
装　　订	廊坊市广阳区广增装订厂
版　　次	2018 年 12 月第 1 版
印　　次	2018 年 12 月第 1 次印刷
开　　本	710×1000　1/16
印　　张	10.75
插　　页	2
字　　数	160 千字
定　　价	50.00 元

凡购买中国社会科学出版社图书，如有质量问题请与本社营销中心联系调换
电话：010-84083683
版权所有　侵权必究

序

东北地区曾经是我国最重要的工业基地，对社会主义经济建设做出过重大贡献。改革开放以来，我国经济发展重心逐渐向东部沿海地区转移，东北地区人力资源，尤其是"科技型"和"管理型"等高层次人力资源外流到沿海地区，并且外流速度还在逐渐加快。东北地区已经从计划经济时期拉动全国经济增长的重要工业基地演变为目前全国经济增长最为缓慢的区域，已经从计划经济时期的人口净迁入地区沦为人力资源净流出地区。针对这种状况，国家分别于2003年和2009年发布实施《东北地区等老工业基地振兴战略的若干意见》，2014年，"振兴东北地区等老工业基地"国务院工作会议研究推进东北发展的战略思路与对策措施，指出，"结构转型""创新驱动"是东北振兴的必然选择，"大众创业，万众创新"是东北振兴的必然出路。

本书认为，人是科学技术的承载者，是生产力中重要的主体性因素，产业升级、结构转型、技术进步、管理创新以及体制机制改革等，都需要人力资源作为保障。因此，东北地区的振兴离不开足够数量和质量、配置合理、结构优化的人力资源的支撑。本书的基本思路是：在对国内外学者关于人力资源及其配置、人力资源配置与区域经济增长互动关系的论述进行梳理总结的基础上，基于东北地区人力资源配置的历史与现状，利用相关计量模型对东北人力资源的存量配置进行分析，并从人力资源配置效率、对产业结构调整和经济增长的影响等方面做了区域比较，揭示了东北地区人力资源配置中的主要问题及成因，借鉴国内"长三角"等发达地区优化人力资源配置的有益经验，探讨了东北地区人力资源优化配置的动力机制，提出了保障人力资源优化配置机制有效运行的对策建议，以期对东北地区优化人力资源配置，提高地区竞争力，实现经济社会可持续发展，具有理论参考和实践借鉴意义。

本书主要内容包括五章。

第一章对国内外学者关于人力资源及其配置的研究进行了梳理和总结，指出了本书所要解决的重点问题、研究思路和所要运用的主要方法。

第二章在对人力资源配置进行科学界定的基础上，简要地介绍了劳动分工、资本有机构成、比较收益、内生经济增长等相关理论，阐述了人力资源的自我配置、地区配置、行业配置、物质配置和技术配置，重点论述了人力资源配置的机制以及各自的优缺点，为本书研究奠定理论基础。

第三章在简要地回顾东北地区人力资源配置历史的基础上，阐述了东北地区的劳动人口资源、教育资源、科技资源和健康资源等配置现状，重点探讨了人力资源存量配置在我国四大区域间的差异性，指出东北地区人力资源存量配置的主要差距，为本书提供实践支撑。

第四章在对教育、科技和健康领域人力资源配置对地区经济增长的影响进行研究假设的基础上，对我国东部、中部、西部和东北四大地区的人力资源配置效率及其对地区的产业结构变化和经济增长的影响进行了区域比较分析；基于定量和比较分析，对东北地区经济增长与人力资源配置中的主要问题进行了归纳总结。本书认为，人力资源缺乏且仍在流失、产业配置结构失衡、整体配置效率不高等，是东北地区人力资源配置中存在的主要问题。其中，"偏离全国经济发展中心、区域自身发展动力不足、传统产业的人力专用性较强且对新兴产业的适应性较弱，以及受传统体制长期影响形成的人力资源配置机制的不灵活"等，是造成东北地区人力资源配置存在问题的主要原因。

第五章在分析人力资源配置影响要素的基础上，分析了人力资源配置与经济发展、产业演进、政策引导、市场带动之间的内在联系，尝试构建人力资源优化配置的机制；借鉴国内发达地区优化人力资源配置的有益经验，结合东北地区存在的问题和原因，提出了东北地区优化人力资源配置的对策建议，即坚持政策引导和市场主导相结合，项目植入带动和民营经济发展相结合，产业创新发展和区域便利性增强相结合等。

本书的主要创新点表现在以下三个方面：

一是理论探索方面，提出了人力资源的配置机制。在借鉴国内外学者关于人力资源配置机制的相关论述的基础上，对计划配置和市场配置的优缺点进行了深入分析，基于人口流动发生机理，按照人力资源配置变化的逻辑顺序，创新性地提出了"人的利益或价值追求—预期向好的区域—人力集聚与产业结合—区域产业发展—区域发展与便利性增强—人的利益或价值追求实现—产生新的利益追求"、政府引导和市场主导综合作用、良性循环发展的人力资源配置机制。

二是问题分析方面，基于系统整理东北地区人力资源配置存量的数据，运用 DEA 模型对东北地区人力资源的配置效率、经济影响进行测算，并与其他地区进行了比较分析，表明固定资产投资依然是东北经济增长主要拉动力，指出人力资源配置效率不高、创新动力不足是东北经济增长缓慢的主要原因，明晰了优化人力资源配置结构是东北地区通过创新驱动实现结构转型的重要选择。

三是对策建议方面，基于东北地区人力资源配置中存在的问题以及对问题形成原因的综合分析与探究，借鉴国内发达地区优化人力资源配置过程中形成的经验认知，提出了具有东北特色的人力资源优化配置的机制与对策，创造人力资源实现利益或价值追求的环境与平台，带动人力资源集聚、配置优化、创新创造，增强区域竞争力，最终实现东北地区的振兴。

目　录

第一章　导论 ………………………………………………… 1

　第一节　研究背景与意义 ……………………………………… 1
　　一　研究背景 ………………………………………………… 2
　　二　研究意义 ………………………………………………… 7
　第二节　国内外研究综述 ……………………………………… 9
　　一　国外研究综述 …………………………………………… 9
　　二　国内研究综述 ………………………………………… 19
　第三节　研究内容与研究方法 ………………………………… 32
　　一　研究内容 ……………………………………………… 32
　　二　研究方法 ……………………………………………… 33

第二章　人力资源配置的理论基础 ………………………… 35

　第一节　人力资源配置相关概念与内涵界定 ………………… 35
　　一　人力资源及相关概念界定 …………………………… 35
　　二　人力资源配置内涵界定 ……………………………… 36
　第二节　人力资源配置的相关理论 …………………………… 37
　　一　劳动分工理论 ………………………………………… 37
　　二　资本有机构成理论 …………………………………… 40
　　三　比较收益理论 ………………………………………… 41
　　四　经济增长与停滞理论 ………………………………… 43
　　五　内生经济增长理论 …………………………………… 45
　第三节　人力资源配置的基本机制 …………………………… 47

一　人力资源的自我积累机制 …………………………………… 47
　　　二　人力资源的区域选择机制 …………………………………… 48
　　　三　人力资源的行业选择机制 …………………………………… 49
　　　四　人力资源与物质资源匹配机制 ……………………………… 50
　　　五　人力资源的技术匹配机制 …………………………………… 50
　　　六　人力资源的制度匹配机制 …………………………………… 51
　　第四节　人力资源配置方式分析与综合 …………………………… 51
　　　一　人力资源的计划配置方式 …………………………………… 51
　　　二　人力资源的市场配置方式 …………………………………… 53
　　　三　人力资源优化配置方式的综合 ……………………………… 55
　　本章小结 ……………………………………………………………… 59

第三章　东北地区人力资源配置的历史演进及存量比较 ………… 60

　　第一节　东北地区人力资源配置的历史演进 ……………………… 60
　　　一　计划经济体制下人力资源涌入 ……………………………… 60
　　　二　计划经济体制下人力资源流出 ……………………………… 61
　　　三　市场经济体制下人力资源流出 ……………………………… 62
　　　四　振兴战略实施以来的人力资源流动 ………………………… 62
　　第二节　东北地区人力资源配置现状分析 ………………………… 62
　　　一　劳动人口资源配置 …………………………………………… 63
　　　二　教育资源配置 ………………………………………………… 65
　　　三　科技资源配置 ………………………………………………… 69
　　　四　健康资源配置 ………………………………………………… 73
　　第三节　东北地区人力资源配置存量的区域比较 ………………… 76
　　　一　劳动力资源配置存量变化的区域比较 ……………………… 77
　　　二　教育资源配置存量变化的区域比较 ………………………… 79
　　　三　科技资源配置存量变化的区域比较 ………………………… 82
　　　四　健康资源配置存量变化的区域比较 ………………………… 84
　　本章小结 ……………………………………………………………… 86

第四章 东北地区人力资源配置总体效率及其影响分析 ………… 87

 第一节 东北地区人力资源配置总体效率分析 ………… 87
  一 人力资源配置效率分析模型描述 ………… 88
  二 东北地区人力资源配置效率评价 ………… 91
 第二节 东北地区人力资源配置总体效率区域比较 ………… 95
  一 人力资源配置效率区域比较的数据选取 ………… 95
  二 人力资源配置效率区域比较的统计分析 ………… 96
 第三节 东北地区人力资源配置经济影响区域比较 ………… 99
  一 人力资源配置对产业结构影响区域比较 ………… 100
  二 人力资源配置对经济增长影响区域比较 ………… 103
 第四节 东北地区人力资源配置区域比较问题归纳 ………… 112
  一 东北地区人力资源配置存在的问题 ………… 112
  二 东北地区人力资源配置问题的成因 ………… 115
 本章小结 ………… 119

第五章 东北地区优化人力资源配置机制与对策 ………… 121

 第一节 东北地区人力资源优化配置的影响因素与机制构建 ………… 121
  一 东北地区人力资源优化配置的主要影响因素 ………… 122
  二 东北地区人力资源优化配置机制构建 ………… 125
 第二节 东北地区优化人力资源配置的经验借鉴与对策建议 ………… 132
  一 发达地区优化人力资源配置的经验借鉴 ………… 133
  二 东北地区优化人力资源配置的对策建议 ………… 138
 本章小结 ………… 145

附 录 ………… 147

参考文献 ………… 155

第一章 导论

本章在探讨问题提出的背景和意义的基础上,对国内外学者关于人力资源配置的研究进行了深入的分析,提出了本书所要解决的重点问题、研究思路和分析方法。

第一节 研究背景与意义

经典经济理论告诉我们,一个经济体(国家或地区)的经济持续增长,人力资本、创新与技术进步等都是重要的推动力量,并且其他因素需要附着在人力资本上才能发挥作用,人力资本的区域经济增长作用可见一斑。人是生产力的第一要素,是第一生产力——科学技术的承载者。在社会经济发展进入到知识经济时代的今天,人力资源在经济建设、社会发展和社会管理中发挥着极其重要的作用。人力资源是科学技术及各种创新的主体,也是社会管理的主体,更是社会经济生产的组织者、领导者、领军人物和中坚力量。人力资源对经济发展问题的研究兴起于1950年左右,西奥多·W. 舒尔茨(T. W. Schultz, 1961)首先提出了人力资本的概念[1],并经加里·贝克尔(Gary Becker, 1964)等的补充和发展[2],形成人力资本理论,认为人力资本可

---

[1] Schultz, T. W., "Capital Formation by Education", *Journal of Political Economy*, Vol. 68, No. 6, 1961.

[2] Becker, G. S. and B. R. Chiswick, "Education and the Distribution of Earnings", *The American Economic Review*, Vol. 56, No. 1/2, 1964.

以保证长期的经济增长。索洛（Solow，1956）通过研究发现，由区域内人力资源质量提高而带来的技术进步对经济增长贡献呈上升趋势，而且随着经济的发展，其作用不断增强。① 西蒙·库兹涅茨（Simon Kuznets，1971）认为，人类社会的发展是技术与知识积累增加，人力作为知识储存的载体成为现代经济高速增长的源泉。② 卢卡斯（Lucas，1988）运用内生经济增长模型，分析了人力资本积累的经济增长作用，研究表明，"专业化的人力资本"积累是经济增长的关键推动作用。③ 罗默（Romer，1990）④和阿吉翁（Aghion，1992）⑤基于内生经济增长模型并研究与发展内生经济增长模型，认为区域内人力资源质量的提高有助于地区经济的快速增长。曼昆（Mankiw，1992）等认为，经济增长绝大部分应归因于人力资源，人力资源的差异解释80%以上的跨国收入差异。⑥ 后续众多学者对人力资源与经济增长的研究大多得到了类似的结论。由此可见，人力资源对一个国家或地区经济发展的巨大推动作用已经得到普遍认可，要想实现地区经济快速、健康发展，就必须提升其区域内人力资源的数量和质量。

一 研究背景

东北地区曾经是我国最重要的工业基地，对社会主义经济建设做出过重大贡献。改革开放以来，我国经济发展重心逐渐向东部沿海地

---

① Solow, R. M., "A Contribution to the Theory of Economic Growth", *Quarterly Journal of Economics*, Vol. 70, No. 2, 1956.

② Simon Kuznets, *Economic Growth of Nations: Total Output and Production Structure*, Harvard University Press, 1971.

③ Robert E. Lucas, "On The Mechanic of Economic Development", *Journal of Monetary Economics*, Vol. 22, No. 1, 1988.

④ Romer, P. M., "Endogenous Technological Change", *Journal of Political Economy*, Vol. 98, No. 5, 1990.

⑤ Aghion, P. and Howitt, P., "A Model of Growth through Creative Destruction", *Econometrica*, Vol. 60, No. 3, 1992.

⑥ Mankiw, G., D. Romer and D. Weil, "A Contribution to the Empirics of Economic Growth", *The Quarterly Journal of Economics*, Vol. 107, No. 2, 1992.

区转移，东北地区人力资源，尤其是"科技型"和"管理型"等高层次人力资源外流到沿海地区，并且外流速度还在逐渐加快。东北地区已经从计划经济时期拉动全国经济增长的重要工业基地演变为目前全国经济增长最为缓慢的区域，已经从计划经济时期的人口净迁入地区沦为人力资源净流出地区。针对这种状况，国家分别于2003年、2009年发布实施《东北地区等老工业基地振兴战略的若干意见》（中发〔2003〕11号、国发〔2009〕33号），2014年，"振兴东北地区等老工业基地"国务院工作会议研究推进东北发展的战略思路与对策措施，指出"结构转型""创新驱动"是东北振兴的必然选择，"大众创业，万众创新"是东北振兴的必然出路。

从20世纪八九十年代开始，东北地区退出计划经济较晚，对外开放相对落后，往日的辉煌在一定程度上转变为拖累东北地区经济发展的包袱，使东北地区错失经济快速发展的机遇。东北地区虽然数次提出"振兴东北老工业基地"的口号和规划方案，但是，由于众多原因，使得其经济振兴呈现出"雷声大，雨点小"的疲态，东北地区的经济发展水平与我国东部等发达地区相比，依然存在着较为明显的差距。

对于经济区域的划分，我国先后采用过"行政区"划分、"板块"（沿海与内地）划分、"协作区"划分①、"地带"划分②等不同类型的区域划分。学术界也提出过"经济区"的划分方案，并在中国

---

① 1958年提出七大经济协作区，1962年把华中区和华南区合并为中南区，成为六大经济协作区，即东北区、华北区、华东区、中南区、西南区和西北区。这种划分的本意是想作为综合经济区划，但后来没有真正起到综合经济区的作用。

② 改革开放后，以陈栋生为代表的区域经济学者界提出东、中、西三大经济带的划分。东部地区含辽、冀、京、津、鲁、苏、沪、浙、闽、粤、桂、琼，中部地区含黑、吉、蒙、晋、豫、鄂、湘、赣、皖，西部地区含陕、甘、青、宁、新、川、云、贵、藏。尽管人们对桂、琼、陕、川的归属有些争议，但地带划分本身基本上已被人们接受。

经济区划演进过程中出现过"十大经济区"①"七大经济区"②"九大经济区"③等（张友祥，2010）。④可以看出，经济区划并没有停留在一个稳定的区划类型层面上，总体来看，导致问题产生的原因是多方面的，其中一个很重要的原因就是我国大的政治经济环境的影响，新中国成立初期的政治不稳定，"备战备荒"的地缘政治影响，改革开放体制转轨的计划与市场的"碰撞"，市场行为与政府行为在区域空间的重置与作用，再加上区域发展的历史惯性与区域自然地理环境特征等相关因素的综合，决定了我国经济区划难以用一个类型来"一以概之"。

为有效地协调区域经济发展，国家从战略层面提出了《地区协调发展的战略和政策》报告，该报告在对我国经济区划分析与认识基础上，提出了"多层级、多类型"的区域划分原则，并以此为指导，提出了四大地区和八大综合经济区经济区划方案，第一个层级即东部、中部、西部和东北四大地区，第二个层级为跨省区的经济综合区，第三个层级以地市级行政单元为基础，第四个层级以县级行政单元为基础。"多层级、多类型"形成的区划方案，既有宏观的跨区域协调，也有县域单元的微观个性具体，为国家针对不同层次、不同发展阶段区域特征，实施具体区域政策提供有效理论依据，有利于协调区域发

---

① 十大经济区划分方案把全国分为三个层次，即大经济区、省级经济区和省内经济区。大经济区即一级综合经济区共10个，即东北区（辽、吉、黑）、华北区（京、津、冀、晋、鲁）、华东区（沪、苏、浙、皖、赣、闽、台）、华中区（豫、鄂、湘）、华南区（粤、桂、琼、港、澳）、西南区（川、滇、黔）、西北区（陕、甘、青、宁）、内蒙古区（蒙）、新疆区（新）和西藏区（藏）。

② 1996年，在第八届全国人民代表大会第四次会议上批准的《中华人民共和国国民经济和社会发展"九五"计划和2010年远景目标纲要》中，提出了我国七大经济区的区划方案，即长江三角洲及沿江地区、环渤海地区、东南沿海地区、西南华南地区、东北地区、中部五省和西北地区。但是，该方案中的各大经济区在空间上互有重叠、突破了省级行政区界，在政策实施上有困难。

③ 九大经济区划分方案，是对七大经济区方案的修正，包括长江三角洲及沿江地区（沪、苏、浙）、环渤海地区（京、津、冀、鲁）、东南沿海地区（闽、粤、琼）、西南地区（滇、黔、桂）、东北地区（黑、吉、辽）、北部地区（蒙、晋、陕、甘、宁、青）、中部地区（皖、赣、豫、鄂、湘、川）、西北地区、新疆区和西藏区九个经济大区。

④ 张友祥：《区域农业保险形成机理及发展模式研究》，中国社会科学出版社2010年版。

展和加快县域微观经济单元增长与发展。

本书研究的"区域"界定主要以国务院发展研究中心提出的区划方案为基础，即参考四大地区，以东北地区（东北三省）为研究对象开展相关研究。本书的区划方案选择第一层级四大地区，主要是基于以下几个方面考虑：一是东北地区自然地理单元相对完整，气候等资源禀赋条件与全国其他三个区划单元存在显著差异；二是东北地区是受国家计划体制影响的"计划经济区"，即使是当前，国有经济仍在东北地位占有巨大分量；三是东北地区经济社会发展存在较为清晰的发展阶段，国家工业发展支撑区、国家转轨老工业基地衰退区、新时期老工业基地振兴区，与此相伴随的是，人力资本、产业资本等微观主体的大规模的重新配置；四是东北地区经济部门结构、经济空间结构相对集中，人力资本相对集中，对开展人力资本的区域配置与结构分析相对易于把握；五是东北地区国家政策的影响较为深刻，国家东北大开发建设时期人口大规模流入、东北转轨导致人口外流严重、国家振兴对东北人口外流抑制影响等都不同程度受国家相关政策影响。综合来看，以东北地区作为本书研究对象，将能较好地实现本书理论假定预期。

通过表1-1可以看出，东北地区的地区生产总值从2000年的3247.77亿元增加到2013年的18147.35亿元，平均每年增长1146.12亿元，虽然东北地区的地区生产总值保持了持续增长态势，但是，与我国东部地区和中部地区的差距却呈现逐渐扩大的趋势。

表1-1　　　　中国四大地区历年各地区生产总值变化情况　　　单位：亿元

年份	东部地区	中部地区	西部地区	东北地区
2000	5102.05	3298.50	1387.89	3247.77
2001	5636.01	3588.53	1520.70	3542.20
2002	6279.01	3860.37	1680.71	3797.97
2003	7696.49	4311.82	1912.89	4240.67
2004	9282.27	5269.40	2383.62	4848.20
2005	10993.46	6205.05	2791.11	5664.20
2006	12832.81	7161.60	3291.32	6563.60

续表

年份	东部地区	中部地区	西部地区	东北地区
2007	15402.97	8828.52	3988.68	7851.00
2008	18041.66	10673.42	4854.72	9469.70
2009	19667.44	11762.93	5581.12	10359.40
2010	23203.07	14351.57	6784.04	12497.83
2011	27135.48	17412.32	8352.91	15125.83
2012	29589.20	19379.62	9492.07	16825.75
2013	32225.89	21217.61	10500.23	18147.35

注：本书中，东北地区包括黑龙江省、吉林省和辽宁省3个地区；东部包括河北省、天津市、北京市、山东省、江苏省、上海市、浙江省、广东省、福建省和海南省10个地区；中部包括河南省、湖北省、湖南省、安徽省、山西省和江西省6个地区；西部包括青海省、新疆维吾尔自治区、宁夏回族自治区、西藏、云南省、贵州省、陕西省、甘肃省、广西壮族自治区、四川省、重庆市和内蒙古自治区12个地区。

资料来源：根据《中国统计年鉴》（2001—2014）的数据整理。

东部地区在2000年的地区生产总值为5102.05亿元，东北地区为3247.77亿元，与之相差1854.28亿元；东部地区在2013年的地区生产总值为32225.89亿元，东北地区为18147.35亿元，与之相差14078.54亿元，上述数据意味着2000—2013年东北地区生产总值与东部地区生产总值之间的差距平均每年增加940.33亿元。中部地区在2000年的地区生产总值为3298.50亿元，东北地区与之相差50.73亿元，中部地区在2013年的地区生产总值为21217.61亿元，东北地区与之相差3070.26亿元，上述数据意味着2000—2013年东北地区的地区生产总值与中部地区的地区生产总值之间的差距平均每年增加236.17亿元。西部地区的地区生产总值从2000年的1387.89亿元增加到2013年的10500.23亿元，平均每年增加700.95亿元，西部地区在经济增长的绝对量上落后于东北地区。从上述数据不难看出，我国东北地区经济在最近十多年的时间里与东部地区和中部地区经济相比已经处于落后的地位，且东北地区经济与东部地区和中部地区经济之间的差距也在逐年增大。

在 20 世纪八九十年代，因为我国区域经济发展重点的调整以及东北地区自身经济体制改革进程的缓慢与滞后，致使东北地区人力资源外流到我国东部沿海发达地区，尤其是高层次的"科技型"人力流失严重。在这个时期，不仅东北地区经济增长缓慢，而且东北地区从人口的净迁入地区沦为了人口的净迁出地区。到 2003 年，随着《关于实施东北地区等老工业基地振兴战略的若干意见》的发布与实施，以及经过近十年的东北振兴政策实施，东北地区经济增长衰退态势得到有效遏制，发展活力显著增强，资本、技术和人力资源重新集聚态势明显，经济增长速度基本实现企稳回升，在此作用下，东北地区城市就业增长明显，对资金、技术和人力资本等要素的"吸引力"增强，人力资源外流现象在实现有效抑制的同时，形成了小规模的人力集聚现象，这种现象在一定程度上促进了东北地区经济的复苏。正是在这样的背景下，本书从东北地区的实际情况出发，系统地分析与阐述东北地区人力资源配置对东北经济增长产生的作用、影响东北地区人力资源配置合理化的因素、东北地区人力资源配置效率优化问题、东北地区人力资源配置结构与我国其他地区（东部地区、中部地区和西部地区）的差异以及这种差异对地区经济发展所带来的影响等问题，以期在一定程度上对现有研究成果起到完善和补充的作用，并对后续学者在与人力资源配置相关问题的研究上提供一定的参考与借鉴。

二 研究意义

东北地区在新中国成立以后的 60 多年的时间里，其人力资源配置情况经历了巨大的起伏变化，对其经济增长也产生了深远的影响。计划经济时期（改革开放以前），东北地区是我国经济建设的重要地区之一，由于国家的高度重视使东北地区的经济发展所需要的各类人力资源十分充足，因此，在这个时期，东北地区的经济发展态势一直比较良好；改革开放后，由于国家经济建设重心的转移以及东北原有的经济体制转型和改革速度过于缓慢，导致其原有的人力资源外流，出现了"孔雀东南飞"的现象。在这个时期，东北地区由于缺乏足够的人力资源支撑，其经济发展态势逐渐步入低谷；2000年之后，国家提出了"振兴东北老工业基地"的相关发展战略，在实施该战略的过程中，研究东北地区人力资源配置以及其对地区经济增长的影响问题，具有十分重要的理论与现实意义。

本书研究的目的在于：我国不同地区之间的人力资源存量、人力资源配置结构和质量水平差异较大，不同地区之间经济发展水平的不平衡问题也较为突出，人力资源对地区经济增长的带动作用还没有完全开发出来。本书通过对国内外有关人力资源理论、人力资源配置理论以及人力资源对地区经济增长的影响等理论进行梳理和总结，并利用相关计量模型和我国东北地区历年的相关时间序列数据，对东北地区人力资源存量配置对东北经济增长的作用、影响东北地区人力资源配置合理化的因素、东北地区人力资源配置效率优化问题、东北地区人力资源配置结构与我国其他地区（东部地区、中部地区和西部地区）的差异以及这种差异对地区经济发展所带来的影响等问题进行定性和定量分析，以期为东北地区人才资源的培养、使用和合理配置提出有价值的建议。

在理论上，通过对东北地区人力资源存量、人力资源配置以及两者对地区经济增长影响的研究，有助于了解在知识经济时代区域内人力资源存量、人力资源配置与区域经济增长之间的关系，加强人们对人力资源重要作用的认识。更为重要的是，通过对东北地区人力资源配置问题的相关研究，有助于进一步了解区域人力资源配置结构的合理性对区域经济平稳、健康增长的重要作用。同时，对于该问题的深入研究也在一定程度上对现有研究成果起到完善和补充的作用，进而丰富区域人力资源配置理论。

在实践中，在我国经济发展区域化差异日趋明显的今天，研究东北地区人力资源配置问题与机制，将为东北地区人力资源流动与合理配置提供有价值的借鉴和参考，特别是为政府的相关人力资源配置政策选择和区域内人力资源的引进与管理提供重要依据，为高等学校深化教育改革培养大批适应经济社会发展需要的高素质人才提供重要信息，为大学毕业生自主理性择业提供有益的帮助，进而对振兴东北老工业基地起到积极的促进作用。

第二节 国内外研究综述

一 国外研究综述

关于人力资源理论，国外研究相对较为成熟，古典经济理论一直围绕人力资本与劳动力价值理论问题开展研究，随着理论模型与数理和计量经济学科的发展，特别是20世纪50年代以来，人力资源理论研究得到快速发展。总体来看，国外学者关于人力资源存量及其合理配置问题的研究成果大致集中在如下三个方面：

(一) 关于人力资源与经济增长关系的相关研究

经济学界关于人力资源与经济增长关系的研究由来已久。人力资源概念始见于古典政治经济学家威廉·配第，他提出了"土地是财富之母，劳动是财富之父"的观点，肯定了劳动者即人力资源的经济价值，尤其是他提出的劳动者的素质决定了劳动者劳动能力的差异这一观点是人力资源内涵的雏形。[1] 亚当·斯密在《国民财富的性质和原因的研究》一书中提出："学习是一种才能，须受教育、须进学校、须做学徒，所费不少。这样费去的资本好像已经实现并且固定在学习者的身上。这些才能，对于他个人自然是财产的一部分，对于他所属的社会，也是财产的一部分。"[2] 他的这个观点将通过教育或培训所形成的能力固化为劳动力所拥有的资本，明确了早期人力资源概念的内涵。之后，约翰·穆勒、马歇尔等经济学家对人力资源概念也都进行了阐述，但综观古典经济学阶段，经济学家对人力资源的关注有限，并未形成完整的人力资源思想，古典经济学阶段被视作人力资源理论的萌芽阶段。

---

[1] 胡德龙：《人力资本与经济发展：理论与实证》，江西人民出版社2008年版。
[2] 高素英：《人力资本与经济可持续发展》，中国经济出版社2010年版。

20世纪五六十年代，随着欧美、日本等国家经济的飞速发展，经济学家从资本增量角度分析经济增长过程中发现，物质资本增量不足以解释经济的飞速增长现象。经济学家意识到，传统的经济增长理论已不适用于解释当时欧美、日本等国的经济飞速增长现象，理论界开始尝试从不同角度对此展开研究。在此种背景下，人力资源理论逐渐形成并不断完善。经济学家舒尔茨是现代人力资源理论的奠基人，被视为"人力资源理论之父"。他在《人力资本投资》《教育与经济增长》《对人投资的思考》等著作中将人力资源视为影响经济增长的重要因素并展开探讨，形成了系统的人力资源理论。舒尔茨（1960）指出，资本不仅仅是有形的物质资本，也体现在劳动者身上并形成无形资本，即形成人力资源从而增加国家的资本存量影响经济增长。① 舒尔茨认为，在各类投资中，人力资源投资回报率最高，国家通过加大教育投资，可以有效地提升人力资源存量，达到促进经济增长的最终目标。② 舒尔茨的人力资源理论侧重于从国家层面的宏观分析，在分析人力资源形成时忽略了对微观方面内因的探讨，具有一定的局限性。经济学家加里·贝克尔在《人力资本》一书中从家庭生产和个人资源分配的微观层面对人力资源展开探讨，弥补了舒尔茨理论的不足。贝克尔认为，人力资源不仅包含劳动者拥有的知识、才干和技能，还包括时间、健康、寿命等要素，家庭、生育、婚姻等因素均会对人力资源形成影响，用于增加人的能力并提高收入的投资均是人力资本投资。③ 1957年，明塞尔（Mincer）围绕人力资源和收入分配问题，建立了人力资源收益率模型，并用于分析人力资源投资与工资水平的关系，他认为，工人收入的增长和个人收入差距缩小的根本原因是人们受教育水平的普遍提高，是人力资本投资的结果。④ 此时人力

---

① Schultz, Theodore W., *Education and Economic Growth in Social Forces Influencing American Education*, NB Henry Chicago: University of Chicago Press, 1960.

② Schultz, T. W., "Capital Formation by Education", *Journal of Political Economy*, Vol. 68, No. 6, 1960.

③ Becker, G. S., *Human Capital*, Columbia University Press, 1964.

④ Mincer, J., "Human Capital Responses to Technological Change", *NBER Working Paper*, December, 1957.

资源理论框架已基本形成,在明确人力资源概念含义的基础上,经济学家将人力资源要素引入经济增长模型中展开探讨。曼昆等(1922)将人力资源要素引入新古典经济增长模型中得到扩展的索洛模型,得出收入方程:

$$\ln\left[\frac{Y(t)}{L(t)}\right] = \ln A(0) + gt - \frac{\alpha+\beta}{1-\alpha-\beta}\ln(n+g+\delta) + \frac{\alpha}{1-\alpha-\beta}\ln(s_k) + \frac{\beta}{1-\alpha-\beta}\ln(s_h)$$

上式说明人均收入是物质资本投资比例、人口增长率和人力资源水平的函数。[①] 扩展的索洛模型将人力资源要素引入经济增长模型,但其研究局限于资本量角度,缺乏影响机制的探讨。在研究人力资源与经济增长关系方面,内生增长理论的研究是较为深入且主流的,其中,尤以罗默和卢卡斯最具代表性。罗默(1986)在《收益递增和长期增长》一文中就认为,知识创新与产出需要人力和物质资本等要素投入,并且知识生产过程最终会传递并影响经济主体产品生产,因此,将知识作为内生变量引入到其所构建的经济增长模型中,形成其研究框架下的三部门经济增长理论模型:

$$Y_t = Y(H_{tA}, X_{it}, L_t) = (H_{tY}A)^\alpha (L_tA_t)^\beta K_t^{1-\alpha-\beta} \eta^{\alpha+\beta-1}$$

式中,H_{tA} 表示研发人力资源,α 和 β 为人力资源和物质资本的产出弹性。

罗默的模型表明,某地区人力资源存量较大时有助于地区的经济增长,该模型较好地揭示了人力资源要素对经济增长的作用,但对人力资源本身的形成和增长机制未做过多考虑。[②] 卢卡斯(1988)在《论经济发展的机制》一文中做了进一步分析。卢卡斯认为,人力资本是促进经济增长的重要源泉之一,经济增长理论模型分析中必须要将人力资本因素纳入考虑。因此,卢卡斯结合索洛扩展模型和舒尔茨的人力资本理论构建了人力资源累积模型。他构建了如下生产函数:

---

① 梁小民:《高级宏观经济学教程》(下册),北京大学出版社2001年版。
② Romer, Paul M., "Increasing Returns and Long-Run Growth", *Journal of Political Economy*, Vol. 94, No. 5, 1986.

$$Y(t) = AK(t)^2[u(t)h(t)N(t)]^{1-\alpha}h_E(t)^r$$

式中，A 为常数，$N(t)$ 为 t 时刻劳动量，$h_E(t)$ 为 t 时刻人力资源对生产过程的外部效用，r 为正常数。

上述生产函数的均衡增长条件满足：

$$g = \frac{h(t)'}{h(t)} = \frac{(1-\alpha)[\delta-(\rho-n)]}{\delta(1-\alpha+r)-r}$$

式中，δ 为风险回避系数，ρ 为贴现率，n 为劳动增长率。[①] 方程表明，人力资本对经济增长具有极大的促进作用。并且，卢卡斯在其人力资本累积模型中进一步强调了学习、培训、干中学等行为对人力资源累积的重要性。他认为，在劳动和教育中会不断提升人力资源存量，这种人力资源累积模式形成的外部效用促进了经济增长。[②] 卢卡斯的人力资源累积模型虽然忽视了对人力资源初始存量、人力资源迁移等问题的探讨，但其研究人力资源和经济增长方面的重要意义不可否认，该理论倡导的通过改善教育水平提升人力资源水平、形成技术进步的经济增长内生源泉为各国制定经济增长政策提供了理论依据。世界各国实际经济增长经验也表明，人力资源对经济增长的促进作用有多么重要。

同时，国外学者也对人力资源存量对区域经济增长的影响做过专门论述。彼得·德鲁克（Peter Drucker，1954）经过研究认为，相对于经济活动中其他要素与资源的投入，人力资源因其可以提高企业生产经营效率，认为是最为特殊的资源，并会进一步促进经济增长。[③] 索洛（1956）利用美国 41 年（1909—1949 年）相关面板数据分析后指出，人均产出的增量中，劳动力素质的提高占 12.15%。[④] 舒尔茨（1961）的实证结果表明，人力资本存量的提高，特别是就业人员受

[①] Robert E. Lucas, "On The Mechanic of Economic Development", *Journal of Monetary Economics*, Vol. 22, No. 1, 1988.

[②] 张晓阳、赵普：《经济增长阶段与人力资本积累阶段关联机制研究——对中国西部地区实证考察》，中国经济出版社 2008 年版。

[③] 彼得·德鲁克：《管理的实践》，机械工业出版社 2006 年版。

[④] Solow, R. M., "A Contribution to the Theory of Economic Growth", *Quarterly Journal of Economics*, Vol. 70, No. 2, 1956.

教育程度的持续性增加，是其对经济增长幅度提高的作用显著高于物质资源等投入要素经济增幅的主要原因之一。①

Uzawa（1965）认为，人力资源存量的增加是促进地区经济增长的最重要的因素之一。②

罗默（1986）③和卢卡斯（1988）④认为，人力资源存量投资和知识积累是地区经济持续增长的"内生"因素，而且人力资源存量的增加具有较为显著的"正外部性"，即带动了其他投入要素的形成和使用效率的提高。

纳尔逊（Nelson，1966）⑤、罗默（1990）⑥、格罗斯曼（Grossman，1991）⑦、阿吉翁（1992）⑧等，同意罗默和卢卡斯的上述观点，他们认为，人力资源存量确实是促进区域经济增长的主要原因之一。巴罗（Barro，1995）⑨、施皮格尔（Spiegel，1994）、克莱诺（Klenow，2000）⑩、爱德华·劳勤（Edword Lawler，2009）⑪、托格·米登罗夫和埃森（Torge Middendorf and Essen，2006）等通过计量分

---

① Schultz, T. W., "Investment in Human Capital", *The American Economic Review*, Vol. 51, No. 4, 1961.

② Uzawa, Hirofumi, "Optimal Technical Change in an Aggregative Model of Economic Growth", *Review of International Economics*, No. 6, 1965, p. 18.

③ Romer, P. M., "Increasing Returns and Long-Run Growth", *Journal of Political Economy*, Vol. 94, No. 5, 1986.

④ Robert E. Lucas, "On The Mechanic of Economic Development", *Journal of Monetary Economics*, Vol. 22, No. 1, 1988.

⑤ Nelson, R. and E. Phelps, "Investment in Humans, Technological Diffusion and Economic Growth", The *American Economic Review*, Vol. 56, No. 1/2, 1966.

⑥ Romer, P. M., "Endogenous Technological Change", *Journal of Political Economy*, Vol. 98, No. 5, 1990.

⑦ Grossman, G. M. and Helpman, E., "Quality Ladders in the Theory of Growth", *Review of Economic Studies*, Vol. 58, No. 1, 1991.

⑧ Aghion, P. and Howitt, P., "A Model of Growth through Creative Destruction", *Econometrica*, Vol. 60, No. 3, 1992.

⑨ Barro, Robert J. and Jong-Wha Lee, "International Measures of Schooling Years and Schooling Quality", The *American Economic Review*, Vol. 86, No. 2, 1995.

⑩ Klenow, P. and Rodriguez-Clare, P., "The Neoclassical Revival in Growth Economics: Has It Gone Too Far?", *NBER Macroeconomic Annals*, No. 12, 2000, p. 73.

⑪ Edward Lawler, "Make Human Capital a Source of Competitive Advantage", *Marshall Research Paper Series: Social Science Research Network*, 2009, pp. 36-54.

析得到了类似的结论，人力资源存量积累在区域经济增长中扮演着不可或缺的重要角色。

（二）关于人力资源配置问题的研究

库兹涅茨（1971）通过深入研究产业结构调整、优化与劳动力流动之间的关系之后指出，区域劳动者工资收入的提高在一定程度上来自其从待遇较低的产业向待遇较高的产业流动的结果，并且他估算出人均收入增长比例的40%来自区域内的劳动者在待遇不同的产业之间的流动。[①]

贝克尔（1975）利用"人力资本—物质资本"收益模型详细分析了人力资本在生产过程中的相对优势之后指出，当劳动力与物质资本存量之和的边际产出小于人力资本存量的边际产出时，人力资本的比较收益才有可能得到提升。同时他还认为，要想避免陷入"以适龄劳动人口数量增加为主要手段的地区经济发展陷阱"就一定要在人力资本比较收益的提升上采取相应的措施。[②]

戴维·P. 莱帕克等（David P. Lepark et al., 1999）分析了两种类型（技能型与知识型）人力资源在不同配置状态下的竞争与合作关系，他们指出，对于企业的良好发展来说，两种类型的人力资源的重要性是相同的，问题的关键在于两者之间的配置比例是否合理，对于企业的不同发展阶段来讲，如果两者之间的配置状态与该阶段发展相适应时，这两种类型人力资源合作的收益就高，当两者之间的配置状态与该阶段发展不相适应时，两者之间的竞争就会加剧，且其产出收益都会有不同程度的降低，因此，人力资源配置的合理性对企业发展至关重要。[③]

Neville Jiang 和 Rui Zhao（2003）分析了基于"城市外部效应"

---

① Simon Kuznets, *Economic Growth of Nations: Total Output and Production Structure*, Harvard University Press, 1971.

② 加里·贝克尔：《人力资本——特别是关于教育的理论与经济分析》，北京大学出版社1987年版。

③ De La Croix, David and Matthias Doepke, "Inequality and Growth: Why Differential Fertility Matters", *The American Economic Review*, Vol. 93, No. 4, 2004.

的人力资源配置与政策选择问题，他们把人力资源划分为低等级人力资源和高等级人力资源两种，由于城市外部效应的存在，导致农村与城市相比其生产力水平和产出效率都较低。因此，为了保持和提升其外部效应，在鼓励高等级人力资源留在城市的同时，要对低等级人力资源向城市的流动要采取一定的限制手段和措施，我国的户籍制度也属于该政策的范畴。①

Guironnet 和 Peypoch（2007）利用相关时间序列数据对法国"过度教育"、人力资源配置比例和生产效率之间的关系进行了研究，研究结果表明，人力资源配置效率不高的情况往往出现在对工作技能要求不高的工作岗位上，在对相关专业技能要求较为严格的岗位上其人力资源配置都较为合理，这种情况的发生是由于对相关专业技能要求不高的职位上（待遇不一定较低）往往对其应聘者的相关能力要求较高而导致的。

Jean – Pascal Guironnet 等（2007）通过详细分析法国国内的过度教育与人力资源配置两者之间的关系问题后指出，虽然法国国内公民的受教育人数和受教育程度在过去的几十年里一直呈现出上升趋势，但是，这种教育程度和人数的提高并未对其国内公民的工资收入提升产生显著的正面影响，相对于教育来讲，劳动者所在行业、工种和部门等因素对工资收入的影响更为显著，其原因是过度教育引起了法国国内人力资源配置效率的降低。② 因此，要在"适度教育的基础上提升人力资源和其他劳动要素的配置水平"。

戈梅斯（Gomes，2008）构建了人力资源和物质资源两部门的内生经济增长模型（在卢卡斯和宇泽的经济增长模型的基础上）用于研究人力资源配置问题，主要结论有三点：第一，政府对收入分配的相关调控提升了人力资源配置效率；第二，市场这只"看不见的手"促使了人力资源的自由流动和配置；第三，由于地域社会文化等因素的

---

① 刘志刚：《人力资本配置对经济增长的意义分析》，《商场现代化》2008 年第 32 期。
② Guironnet, J. P. and Peypoch, N., "Human Capital Allocation and Overeducation: A Measure of French Productivity", *Economic Modelling*, Vol. 24, No. 3, 2007.

影响，使人力资源自由配置的速度提升较为缓慢，这种情况的发生在一定程度上构成了人力资源合理配置的客观障碍。[1]

（三）关于人力资源配置对地区经济增长的影响研究

Galor 和 Tsiddon（1997）通过研究技术进步、人力资源配置和经济发展三者之间的关系后指出，不仅技术进步对地区经济增长表现出显著的正向影响作用，而且合理的人力资源配置状态也是促进地区经济发展的重要因素之一。[2]

Marcel Fafchamps 等（1997）分析了人力资源存量积累对巴基斯坦农业经济增长的影响后指出，在巴基斯坦的农业产业内，受教育程度较高的农业劳动者的比较收益与受教育程度较低的农业劳动者相比并未表现出显著的优势，并且他通过进一步研究后发现，在巴基斯坦农业产业内人力资源存量的积累与增加并未明显提升农业生产效率，而是促进了国内农业部门劳动者向非农业部门的流动与迁移，要想提高本国人力资源的比较收益，必须要积极调整和优化国内产业结构，以实现人力资源的合理配置。[3]

Lodde（1999）对欧洲主要国家的人力资源存量与经济增长的关系进行定性与定量分析后认为，经济增长与人力资源存量两者之间并未表现出明显的相关关系，并进一步指出，一国的人力资源在不同产业部门之间的配置比例变化和该国家经济发展之间表现出一定程度的相关性，不能只单一考虑人力资源存量积累对经济发展的影响，更为重要的是，要研究人力资源配置与产业结构调整升级之间的关系会对经济增长产生什么样的影响。[4]

---

[1] Gomes, O., "Decentralized Allocation of Human Capital and Nonlinear Growth", *Computational Economics*, Vol. 31, No. 5, 2008.

[2] Galor, O. and Tsiddon, D., "The Distribution of Human Capital and Economic Growth", *Journal of Economic Growth*, No. 2, 1997, p. 93.

[3] Marcel Fafchamps and Agnes R. Quisumbing, "Human Capital, Productivity and Labor Allocation in Rural Pakistan", FASID Discussion Paper Series on International Development Strategies, Tokyo: Foundation for Advanced Studies on International Development, 1997, pp. 19 – 46.

[4] Lodde, S., "Human Capital and Growth in the European Regions: Does Allocation Matter? Economic Growth and Change", National and Regional Patterns of Convergence and Divergence, Edward Elgar, 1999, pp. 86 – 97.

Guaitoli（2000）利用世代交叠模型对人力资源存量和人力资源配置比例之间的关系进行分析后指出，单纯的人力资源存量对地区经济增长的影响没有人力资源的合理配置（符合经济发展水平的配置比例）对地区经济增长的影响显著。①

Bhatta 和 Lobo（2000）考察了美国 50 个州的人力资源存量、人力资源配置比例和其地区人均生产总值之间的关系后指出，人力资源存量对穷、富州之间的人均生产总值差异影响并不显著，而人力资源配置比例对穷、富州之间的人均生产总值差异表现出显著的影响。②

Giannini（2003）建立了人力资源配置分布模型，并指出，人力资源存量积累的差异和人力资源配置效率的差异对地区之间经济增长水平差异有着较为显著的影响作用，地区人力资源配置越均衡，该地区经济增长水平就越高。③

马丁和赫拉纳（Martin and Herrana，2004）利用西班牙 1995—2000 年的相关面板数据对其 19 个地区的经济增长进行了详细的分析与研究后指出，人力资源存量的增加和人力资源配置的均衡是西班牙国内经济增长的重要推动因素之一，只有进一步完善其国内的相关人力资源配置政策（包括引进先进技术、提供符合人力发展的良好环境和提高受教育程度等），才能使西班牙国内一些落后地区的经济逐渐好转，并向经济发达地区转变。④

Sequeira（2007）构建基于两种不同类型的人力资源内生经济增长模型（在赫尔普曼和格罗斯曼模型的基础上），用于研究技能型和一般型人力资源对经济增长影响的关系，结果显示，技能型人力资源配置比例的高低与地区经济增长水平的高低表现出显著的正相关关

---

① Guaitoli, D., "Human Capital Distribution, Growth and Convergence", *Research in Economics*, No. 54, 2000, p. 331.

② Bhatta, S. D. and Lobo, J., "Human Capital and Per Capita Product: A Comparison of US States", *Papers in Regional Science*, Vol. 79, No. 4, 2000.

③ Giannini, M., "Accumulation and Distribution of Human Capital: The Interaction between Individual and Aggregate Variables", *Economic Modelling*, No. 20, 2003, p. 1053.

④ Martin, M. G. and Herrana, A. A., "Human Capital and Economic Growth in Spanish Regions", *IAER*, No. 4, 2004, p. 257.

系，技能型人力资源是经济发展中最为重要的人力资源之一。[①]

乔纳斯·L. 琼格伯格和安德斯·尼尔森（Anders Nilsson，2009）以瑞典为例，研究了人力资源存量结构与经济发展的关系，认为两者的协调度是经济增长的重要原因。[②]

基于中国沿海、内地、西部和东北的经济区域划分，贝尔顿·弗莱舍（Belton Fleisher，2009）等对四个区域进行研究，发现人力资源存量与配置状态对经济发展有显著影响。[③]

戈梅斯（2008）通过对跨国界、跨地区数据分析发现，人力资源的合理配置是经济持续增长的关键因素之一。[④]

通过对国外学者关于人力资源配置问题研究的梳理和总结，可以发现其主要观点集中在以下四个方面：第一，相对于单纯的人力资源存量的积累，人力资源配置的均衡性、合理性对地区经济增长的作用也不容忽视；第二，影响地区经济发展差距最为重要的原因是地区人力资源配置上的明显差异；第三，人力资源的自由流动能够提升人力资源配置的合理性与均衡性，人力资源配置的缺位不仅会降低人力资源的使用效率，而且会进一步对地区经济增长带来负面影响；第四，一个国家或地区产业结构的调整与优化、完善的教育培训体系和与人力相关的政策对区域内人力资源的配置会产生显著影响。

值得注意的是，上述国外学者的研究成果绝大多数都是以资本主义国家的自由市场经济为研究背景的，在这些国家里，人力资源的自由流动几乎不会受到政府机构的干预或限制，因此，其人力资源配置不合理问题的严重程度要远远小于我国，我国国内人力自由流动受阻现象和地区人力市场分割现象依然较为严重，所以，地区人力资源配

---

① Sequeira, T. N., "Human Capital Composition, Growth and Development: An R&D Growth Model versus Data", *Empirical Economics*, No. 32, 2007, p. 41.

② Jonas L. Jungberg and Anders Nilsson, "Human Capital and Economic Growth: Sweden 1870–2000", *Journal of Historical Economics and Econometric History*, Vol. 13, No. 111, 2009.

③ Belton Fleisher, Haizheng Li and Minqiang Zhao, "Human Capital Economic Growth, and Regional Inequality in China", *Journal of Development Economics*, Vol. 92, No. 2, 2009.

④ Gomes, O., "Decentralized Allocation of Human Capital and Nonlinear Growth", *Computational Economics*, Vol. 31, No. 5, 2008.

置问题才显得更为突出,更需要得到更多的关注,更需要做进一步详细的分析与研究。

二 国内研究综述

从20世纪90年代开始,我国众多学者开始对人力资源存量积累和人力资源合理配置问题进行了较为深入的分析与研究,这些研究成果总体来看主要集中在以下五个方面:

(一)对人力资源配置含义的研究

陆根尧(2001)认为,人力资源配置应该包括人力资源的存量配置与增量配置两个方面的内容。①

卢晓月(2000)从微观和宏观两个层面对人力资源配置含义进行阐述。从微观意义上说,所谓人力资源配置,就是要把适合的人放到适合的职位上,使其能够发挥自身的最大效用,并进而提高组织生产效率;从宏观意义上说,所谓人力资源配置,就是实现区域内人力的合理使用与充分就业,进而实现整个地区经济的良性增长。②

胡学勤等(2001)指出,人力资源配置包括空间配置和时间配置两个不同的角度,并把这两种角度归结为一种制度(人力的自由选择和自由流动制度)。③

周立新(2003)认为,人力资源配置可以分为企业人力资源配置、产业人力资源配置、地区人力资源配置、国家人力资源配置和全球人力资源配置五个不同的配置层次。④

张志勇(2008)指出,人力资源配置包括产业人力配置、区域人力配置和技术人力配置(根据生产、劳务的不同性质以及所要配比物质资源的相关技术特征来供给不同类型的人力资源)三个方面的内容。⑤

---

① 陆根尧:《论人力资本的产业间配置》,《上海综合经济》2001年第6期。
② 卢晓月:《浅论人力资本的配置》,《山西财经大学学报》2000年第22期。
③ 胡学勤、李肖夫:《劳动经济学》,中国经济出版社2001年版。
④ 周立新:《人力资本配置的系统研究》,《商业研究》2003年第8期。
⑤ 张志勇:《论人力资本的含义、形成、配置和收益》,《理论学刊》2008年第11期。

(二) 对人力资源配置制度的研究

秦江萍等（2003）分析了我国人力资源配置制度的历史演进过程以及当前存在的问题，并探讨了政府对人力资源配置与投资进行干预的先决条件。[①]

孔令锋等（2003）指出，人力资源配置状态的合理性与均衡性在某种程度上是由其"产权"在各个不同经济主体之间的分配决定的，这种不同经济主体之间的分配的效率和效果决定了人力资源的配置效率与形式。[②]

侯力（2003）分析了劳动力的自由流动对人力资源形成和人力资源配置的影响，他指出，劳动力的自由流动对人力资源的形成和其配置效率的提升起到了显著的推动作用，而我国现阶段关于人力资源的扩散效应远远小于"马太效应"，该问题的产生使我国不同地区之间人力资源存量差距进一步扩大。[③]

曾宪荣等（2004）指出，我国目前的二元经济结构是我国人力资源合理、有效配置的主要障碍之一，只有通过我国城乡劳动力市场的"一体化构建"，才能有效地打破这种制度障碍，进而实现我国人力资源的合理配置。[④]

宋晓梅（2005）认为，我国的社会保障制度、人力资本市场运行制度、人力资本价格收入生产制度、人力资本产权制度和户籍制度构成了我国人力资源合理配置最主要的五大阻碍。[⑤]

胡永远（2003）利用人力资源和物质资源边际产出弹性模型对人力资源供给问题进行了研究，研究结果显示，在物质资源边际效益递减和人力资源边际效益递增的前提条件下，人力资源供给增长速度要大于物质资源供给增长速度，因此，政府要对人力资源供给进行

[①] 秦江萍、闫淑敏、段兴民：《我国人力资本投资、配置：问题与建议》，《科学学与科学技术管理》2003年第6期。

[②] 孔令锋、黄乾：《论人力资本产权的配置功能》，《经济问题》2003年第10期。

[③] 侯力：《劳动力流动对人力资本形成与配置的影响》，《人口学刊》2003年第6期。

[④] 曾宪荣、黄理：《我国人力资本配置的制度特征及矫正》，《求实》2004年第10期。

[⑤] 宋晓梅：《经济体制转型过程中人力资本市场化配置制度的发展及创新》，《内蒙古工业大学学报》2005年第1期。

一定程度的调控，适当抑制或降低公共领域范围内的人力资源供给量。①

崔建华（2007）指出，我国现行市场制度的不完善（包括人力资本市场分割严重、市场供求主体缺位、相关中介机构运作不规范等）、政府干预政策供给不足与错位（包括相关户籍制度建设滞后、人力职称评定制度、资格认证制度和技能鉴定制度供给滞后或缺失以及社会保障制度供给滞后等）是我国人力资源配置制度失效的直接原因。②

王旭辉（2011）研究后指出，我国四大地区人力资源配置效率表现出"西低东高"现象。③ 特殊型人力资源与一般型人力资源配置比例由低到高依次是西部地区、中部地区、东北地区和东部地区；区域内科技人员密度由低到高依次为西部地区、中部地区、东北地区和东部地区。通过对区域人力资源计划配置和市场配置的比较可以看出，计划配置属于一种政府行为，其相关行政审批手续烦琐，但是，市场配置容易忽视社会整体效益平衡，因此，仅仅依靠某种人力资源配置方式都很难实现人力资源配置的效用最大化，两种配置方式的适度结合使用是一种较为合理的人力资源配置方式。

（三）对地区人力资源配置对我国经济增长的影响研究

朱诩敏等（2002）利用生产函数模型和1978—2000年的时间序列数据对广东省21个城市的人力资源存量、人力资源配置状态与其地区经济增长的关系进行了分析。④ 结果显示，当各地区人力资源配置制度完善程度大致相同时，地区内人力资源存量的大小对其地区经济增长起到显著的影响作用。当各地区人力资源存量水平接近时，各地区人力资源存量对地区经济增长的影响程度取决于该地区人力资源

---

① 胡永远：《人力资本与经济增长：一个实证分析》，《经济科学》2003年第1期。
② 崔建华：《我国现阶段人力资本配置的制度约束与制度创新》，《科学管理研究》2007年第4期。
③ 王旭辉：《我国人力资本配置方式优化的探析》，《学术交流》2011年第4期。
④ 朱诩敏、钟庆才：《广东省经济增长中人力资本贡献的实证分析》，《中国工业经济》2002年第12期。

配置制度的完善性。

边雅静等（2004）利用1990—1999年的数据和柯布—道格拉斯生产函数等统计分析方法，对我国东西部人力资源存量与经济增长之间的关系进行了分析与研究。① 结果显示，我国西部地区人力资源存量对经济增长的贡献程度小于东部地区人力资源存量的贡献程度，这种情况的发生表明，西部地区人力资源存量有待进一步提升，国家有必要加大对我国西部人力资源投资的力度，以实现我国东西部人力资源配置的均衡性与合理性。

王琳（2006）对我国人力资源在三大地区（东部地区、中部地区和西部地区）之间的非均衡配置问题进行了研究，结果显示，我国三大地区人力资源配置上的差异对其地区产业结构调整与优化以及地区经济增长产生了一定程度的负面影响。②

李亚玲等（2006）利用1993—2004年的时间序列数据对我国各地区经济增长的差异以及人力资本基尼系数进行了分析与测算，并进一步对我国各地区人力资源配置与人均GDP之间的关系进行了研究，结果表明，地区经济增长与人力资本基尼系数之间表现出显著的负向相关关系，各地区人力资源配置的差异是其经济增长差异的主要因素。③

戴启文等（2007）对江西省的人力资源存量和其产业结构之间关系进行了研究，结果表明，江西省产业结构优化升级和其人力资源存量之间具有稳定的"协整"关系，而且江西省人力资源存量对其产业结构调整与优化有着显著的推动作用。④

姚伟峰（2007）将人力资源分为普通人力和高级人力两类，分析

---

① 边雅静、沈利生：《人力资本对我国东西部经济增长影响的实证分析》，《数量经济与技术经济研究》2004年第12期。
② 王琳：《区域间人力资本的非均衡配置与改善措施》，《山东财政学院学报》2006年第1期。
③ 李亚玲、汪戎：《人力资本分布结构与区域经济差距：一项基于中国各地区人力资本基尼系数的实证研究》，《管理世界》2006年第12期。
④ 戴启文、杨建仁：《产业结构升级与人力资本水平关系的实证研究——以江西省为例》，《江西社会科学》2007年第12期。

了这两种不同类型的人力资源和其他投入要素对技术进步和经济发展的作用，结果表明，我国的人力资源配置结构并不适合技术进步和经济增长的需要，在现有的人力资源配置结构中，高级人力的比例偏低限制了我国相关技术进步和经济增长的速度，要想实现技术进步与经济增长的飞跃，就必须优化当前的人力资源配置结构。①

刘传江等（2007）从人力资源异质性的角度，把人力资源分为较为稀缺的特殊型人力和非稀缺的一般型人力，并对上海市两种不同类型的人力流动与区域经济增长之间的关系进行了分析，结果显示，该两种类型人力的流动都对上海经济增长产生了显著影响，政府应该适当调控这两种不同类型的人力资源流动，以促进地区经济平稳增长。②

韦吉飞等（2008）利用1952—2004年的相关数据以及脉冲响应函数等多元统计分析方法，对人力资源及其结构之间的关系进行研究，结果显示，合理的人力资源结构对产业发展的推动作用十分明显。③

熊治泉（2009）根据计量经济学方法与理论，从人力资源数量、人力资源质量、人力资源投入和人力资源配置比例的角度，对南充市人力资源与经济发展的关系进行了实证研究。④ 结果显示，人力资源投入对南充市经济增长起到了明显的促进作用；第一产业人力资源配置比例与南充市经济增长存在显著的负向相关关系，第二、第三产业人力资源配置比例与南充市经济增长存在着显著的正向相关关系。

王庆丰（2010）对我国1978—2006年的就业结构与产业结构之间的关系进行了计量分析⑤，指出我国的就业结构和产业结构处于一

---

① 姚伟峰：《中国劳动力不均衡对技术效率进步影响实证研究》，《工业技术经济》2007年第4期。
② 刘传江、董延芳：《异质人力资本流动与区域经济发展——以上海为例》，《中国人口科学》2007年第4期。
③ 韦吉飞、罗列：《中国人力资本结构与经济结构互动效应实证分析》，《北京理工大学学报》2008年第3期。
④ 熊治泉：《人力资源与区域经济发展关系的研究》，《管理观察》2009年第14期。
⑤ 王庆丰：《我国产业结构与就业结构协调发展研究述评》，《华东经济管理》2010年第7期。

种长期的错位状态，两者之间不具有稳定的协整关系，而且我国的就业结构和产业结构之间的协调系数，西部地区最低，中部地区次之，东部地区该系数最高，就业结构和产业结构之间的合理调整与优化对地区经济增长具有一定的影响力。

侯风云等（2009）利用误差修正模型、协整检验方法和1980—2006年的相关面板数据，实证分析了山东省人力资源存量对其地区城乡收入差距的影响。[①] 分析结果显示，1980—2006年山东省的人力资源投资与配置对该省城乡收入差距的形成表现出显著的影响，这种影响程度要远大于物质资源的投入对该省城乡收入差距形成的影响程度，因此，以政府为主导，提升农村劳动力的基本素质，加强对农村人力资源的投资、优化城乡人力资源配置结构是降低山东省城乡收入差距、实现其城乡经济均衡增长的有效措施与途径。

张国钦等（2010）指出，我国各种不同类型（共分为领袖型人力资源、专业型人力资源和操作型人力资源等7个类型）的人力资源配置基本上保持稳定状态，三次产业对应的人力资源存量对各自的产业经济发展均起到了较为显著的推动作用，第一产业人力资源相比于第二、第三产业人力资源具有显著的独立性，因此，需要加强第二、第三产业与第一产业的合作，进而进一步促进地区经济的均衡发展。[②]

王美霞等（2010）利用我国31个省、直辖市、自治区的相关人力资源数据和"三维人力效能"模型，通过纵向和横向两个方面比较分析了我国不同地区之间以及各地区内部人力资源效能的变化，结果显示，我国东西部之间人力资源效能在绝对值上依然有着很大的差距，但我国西部地区在人力资源效能的改善上在最近十年的时间里取得了较好的效果，而且人力资源效能对各地区经济增长都表现出明显

[①] 侯风云、付洁、张凤兵：《城乡收入不平等及其动态演化模型构建——中国城乡收入差距变化的理论机制》，《财经研究》2009年第1期。

[②] 张国钦、刘卫东、赵千钧：《不同类型人力资本配置及其区域经济效应》，《人口与经济》2010年第5期。

的正面影响。①

陈晓迅、夏海勇（2013）把人力资源划分为技能型和普通型两类，并利用我国1997—2010年的相关面板数据和"人力资本外部性"计量模型，在理论分析的基础上，对我国的人力资源配置效率问题进行定性与定量分析，结果表明，我国中部地区和西部地区的技能型人力资源配置效率低于东部发达地区，但是，我国各大地区的人力资源存量均对其地区经济增长起到了明显的推动作用。②

（四）东北地区人力资源配置对其经济增长的影响研究

刘莹（2004）通过对东北地区人力资源配置现状的统计分析后指出，东北地区在人力资源配置上存在着高新技术人力短缺、科技人力资源利用效率低下、人力外流现象严重以及总体人力资源配置比例不合理等问题，并给出了优化东北地区人力资源配置的相应建议与措施。③

赵程华、郭琳（2005）通过对东北地区城镇人力资源就业情况和人力资源配置结构两方面进行分析后指出，虽然东北地区人力资源总体存量较大，但是，存在着人力资源利用效率不高的问题，而且东北地区高层次人力资源流失的问题也没有得到很好的解决，并针对上述问题提出了相应的对策建议。④

严瑛（2005）⑤ 和孙长虹（2008）⑥ 认为，要实现振兴东北老工业基地经济的发展战略，政府除在政策上倾斜和加大资金投入力度之外，还要加大对人力资源质量上的投入、人力资源管理制度的改革以及用人机制上的创新等问题的重视程度。

---

① 王美霞等：《我国区域人力资源配置效能比较研究——基于省际面板数据的实证分析》，《新视野》2010年第6期。
② 陈晓迅、夏海勇：《中国省际经济增长中的人力资本配置效率》，《人口与经济》2013年第6期。
③ 刘莹：《辽宁省人力资源合理配置研究》，《财经问题研究》2004年第2期。
④ 赵程华、郭琳：《东北振兴的人力资源优势及问题分析》，《人口学刊》2005年第5期。
⑤ 严瑛：《对振兴东北老工业基地人力资源问题的思考》，《行政论坛》2005年第2期。
⑥ 孙长虹：《浅谈东北振兴中的人力资源能力建设》，《长白学刊》2008年第3期。

吴宇晖、张嘉昕（2005）认为，应该从人力资源深度开发与产业结构调整两个方面来研究东北地区的经济可持续发展问题，并进一步推动东北地区资源型城市的顺利转型与升级。[①]

李新伟、贾琳（2006）认为，东北地区总体人力资源存量较高，但东北地区也同时存在着人力资源配置比例不合理、与地区经济发展不同步以及地区之间和产业之间发展不均衡等问题。[②] 因此，为了促进东北地区经济稳定、健康发展，有必要发挥政府宏观调控的职能，建立和完善东北地区人力资源一体化市场以实现其人力资源的自由流动与合理配置。

王娇（2010）指出，由于收入及福利待遇因素、人文社会环境因素、发展机遇因素和制度因素等方面的原因，导致了东北地区高素质人力资源出现了一定程度的迁移、外流现象，这种情况的发生对东北地区经济的均衡、平稳增长是不利的，因此，政府有必要采取相应的措施来提升东北地区人力资源配置中高层次人力的比例，进而进一步提振东北经济。[③]

韩淑梅、金兆怀（2010）指出，东北地区人力资源在其三次产业中的配置结构存在一定的问题，这种情况的发生对东北地区相关产业结构调整与优化起到了一定的制约作用，同时也不利于东北地区人力资源开发总体效用的最大化，这类问题的形成进一步阻碍了东北地区经济的优化增长。[④]

关凤利等（2012）指出，东北地区在人力资源存量上虽然有较明显的优势，但其对地区经济增长的推动力度不强，而且在东北地区还存在人力资源行业分布与区域分布的不均衡现象，因此，政府应该在

[①] 吴宇晖、张嘉昕：《东北老工业基地资源型城市发展接续产业中人力资源开发研究》，《东北亚论坛》2005年第2期。
[②] 李新伟、贾琳：《东北地区人力资源结构及省际差异比较研究》，《东北亚论坛》2006年第4期。
[③] 王娇：《东北地区人力资源流动问题分析》，《科技创新导报》2010年第26期。
[④] 韩淑梅、金兆怀：《东北地区人力资源与人力资本在三次产业中分布的非均衡性研究》，《东北师范大学学报》（哲学社会科学版）2010年第3期。

人力资源开发与合理配置方面发挥重要作用。①

姚丽霞、房国忠（2012）通过对东北地区的人力历史环境、生产力发展水平和当前经济增长情况进行分析与研究后指出，要想进一步提升东北地区经济增长水平，就必然要选择以优化东北地区人力资源配置结构、提升东北地区人力资源质量为主的发展方式。②

赵青华（2014）通过文献研究和专家访谈法，基于人力资源供给安全角度，从四个维度上选取了25项可量化的指标变量，构建了评价指标体系，并运用因子分析方法和中国31个省、直辖市、自治区在2012年的横截面板数据进行了相关的实证分析，并构建了区域人力资源供给安全评价的线性模型（把辽宁省、吉林省和黑龙江省三省的相应数据分别代入该模型中，得到了东北三省各省的综合得分），结果显示，东北地区中，黑龙江省人力资源的供给情况属于较不安全的范围，需要警惕；吉林省人力资源的供给情况一般，有待提高；而辽宁省的人力资源供给状况是最好的，属于较安全范围。③

支大林、陈雷（2014）以吉林省为研究对象，利用1998—2011年的时间序列数据和多元线性回归分析法，对吉林省人力资源对其经济增长的贡献程度进行了考察和测量，结果显示，吉林省地区在经济发展过程中人力资源配置方面存在着一定的问题，其人力资源配置效率有待进于一步提高和完善。④

（五）对人力资本配置机制的研究

朱冬梅（1999）分析了我国传统计划经济体制和市场经济体制的人力资源配置方式，认为我国人力资源配置机制存在双轨制并存的矛盾，私人部门经济基本实现市场化配置，公有经济部门的用人机制仍

---

① 关凤利等：《东北地区城市人力资源开发存在的主要问题及政策建议》，《经济纵横》2012年第11期。
② 姚丽霞、房国忠：《东北地区人力资源开发战略研究》，《东北师范大学学报》2012年第4期。
③ 赵青华：《东北三省人力资源供给安全评价研究》，《大连大学学报》2014年第1期。
④ 支大林、陈雷：《吉林省人力资源配置与经济增长的关系分析》，《东北师范大学学报》2014年第3期。

以计划配置为主，导致了配置效率低、结构失衡等一系列问题，她提出，我国的人力资源配置机制改革应由双轨制转变为单轨制，完善社会保障制度，形成"效率型普遍就业"的调控目标，通过教育、产业结构调整等方式改善人力资源配置失衡的现象。①

俞梅珍（2000）分析了我国人力资源配置机制由计划配置向市场化机制转变中存在诸多问题，认为我国市场机制不健全，市场配置范围仍然较小，收益调节机制不够健全，档案、户籍等人才流动障碍明显，人力资源市场宏观调控乏力，人力资源市场离法制化、规范化目标还有较大的差距。在这种改革过程中，亟须加快人力资源市场的培育，完善人力资源市场运行机制及相应的政策法规建设。②

秦江萍、张文斌（2002）分析了新中国成立以来中国人力资源配置机制的三个演变阶段即计划经济体制下的人力资源配置机制、经济体制转轨时期的人力资源配置机制、市场经济体制下的人力资源配置机制，从市场供给主体和需求主体不匹配、市场地域条块分割和市场供需矛盾三个方面，分析了人力资源配置过程中存在的问题。进一步从市场供给机制和需求机制两个方面提出了促进和提高中国人力资源配置机制效率问题，即基于供给侧的促进人力资源供给主体化和基于需求侧的促进人力资源需求主体法人化，通过协调人力资源供需关系，促进两者之间耦合发展，有效地避免人力资源浪费和闲置。③

曾宪荣、黄理（2004）从分析我国教育个人收益率入手，认为我国的工资制度不能完全反映劳动者的教育程度，也就是说，人力资源并未按照市场化原则进行配置。而其中形成人力资源配置缺乏效率最根本的原因是中国城乡分割的"二元"结构所致，显然，构建城乡一体的劳动力市场，将极大地促进城乡之间的劳动力流动和迁移，特别是农村地区向城市地区的流动，并客观上形成有效的城乡人力资源配

---

① 朱冬梅：《我国目前人力资源配置机制研究》，《软科学》1999 年第 3 期。
② 俞梅珍：《论中国人力资本配置机制的变化与完善》，《常德师范学院学报》（社会科学版）2000 年第 9 期。
③ 秦江萍、张文斌：《中国人力资源配置机制的思考》，《石河子大学学报》（哲学社会科学版）2002 年第 1 期。

置格局。具体可以通过大力发展中小城市来引导农村劳动力有序流动，逐步改革城乡分割的二元户籍制度，大力发展民营经济和中小企业，完善社会保障制度，建立平等竞争的统一的劳动力市场等方面，实现劳动力资源的有效配置，达到协调城乡就业关系的根本目的。[1]

李涛（2003）认为，人力资源市场本质上是一种机制，人力资源市场的运行必须具备价格、主体、信息网络、存在形式、中介组织、运行规则、保障体系等因素。目前，我国人力资源市场存在主体缺位、政府作用缺位、中介能力缺位和价格机制缺位等问题。因此，有必要从促进市场主体到位、促进政府职能转变、促进政府所属人力资本中介向市场竞争主体转变、推进人力资源市场信息化建设、完善人力资源中介服务机构的服务功能、增加政府对西部人力资源市场建设的投资、积极参与国际人力资源市场竞争七个方面加速人力资源市场机制创新。[2]

郑伟（2004）基于制度层面探讨了其对人力资源配置效率的影响，提出人力资源配置制度安排是一个有机整体，系统内存在着一个完整的机制关联关系，完善的制度结构设计有利于人力资源配置效率提高。其运用新制度经济学的理论框架，分析和阐释了人力资源配置制度的内涵、结构和功能意义体现等，在此基础上，提出了人力资源配置的制度设计和制度框架，即从价值观念、政策法规和市场配置制度等层面进行创新设计，形成了科学的实现人力资源配置效率提高的制度设计理论基础。[3]

崔建华（2007）研究认为，人力资源配置制度失效是中国现阶段人力资源配置不合理的根本性原因。一方面是市场制度本身的不完善；另一方面是政府干预政策过度且存在错位等。认为人力资源最充分利用的前提和基础是实现人力资本的优化配置，应从市场制度和政府干预政策两方面进行制度创新，从人力资源和物质资本两个方面的

---

[1] 曾宪荣、黄理：《我国人力资本配置的制度特征及矫正》，《求实》2004年第10期。
[2] 李涛：《人力资本市场运行机制与制度创新》，《湖南师范大学社会科学学报》2003年第3期。
[3] 郑伟：《人力资本配置及其制度研究》，《科技进步与对策》2004年第4期。

产权制度创新和人力资源市场定价制度完善等方面入手，推动构建结构合理、层次多样的全国一体化的人力资源市场，加快政府职能的转变，完善社会保障体系，改革户籍制度，建立科学的资格认证制度、岗位鉴定制度等"岗位身份制"措施，实现人力资源的优化配置。①

朱翠萍、汪戎（2009）通过构建理论关系模型，分析探讨了人力资本理性配置与经济增长的关系，并认为，低人力资本者和高人力资本者都可能成为价值侵蚀者。只有个体将知识和人力资本更多地配置到价值创造的生产性领域时，才能降低增长成本，实现个人财富"理性增长"，进而实现个体加总，也即整个社会的"相容增长"；相反，如果存在一种"掠夺性"激励制度，将会导致"掠夺性"侵蚀行为的发展，并最终导致经济行为和经济增长的粗放，显然，不利于长期经济增长，纠正激励性制度偏差成为解决问题的重要途径和关键。②

赖德胜、纪雯雯（2015）借鉴生产、保护与分利模型，以中国劳动力市场三部门格局为切入点，构建了人力资本三部门配置模型，研究人力资本配置对创新的影响。结果表明，市场部门人力资本对创新有促进作用，政府部门或垄断部门人力资本会对创新产生不同程度的抑制作用。该影响的作用机制是：相对报酬结构差异引起人力资本错位配置，其结果导致创新规模及效率差异。我国的实际情况是：人力资源配置严重错位，人力资源集中到存在抑制作用的政府部门或垄断部门中，产生相对报酬扭曲的人力资源配置现象。因此，为了提高中国的创新水平，应从改善人力资本配置制度出发，具体可以从激活市场配置机制，促进社会公共产品和公共服务供给均等化；进一步打破行政垄断，激励人力资本配置和创新；继续扩大教育规模，提高人力资源质量三方面着手。③

---

① 崔建华：《我国现阶段人力资本配置的制度约束与制度创新》，《科学管理研究》2007年第4期。

② 朱翠萍、汪戎：《人力资本理性配置的制度因素分析》，《经济学家》2009年第3期。

③ 赖德胜、纪雯雯：《人力资本配置与创新》，《经济学动态》2015年第3期。

基于对国内学者人力资源配置研究的梳理和整理认为，他们在人力资源配置问题上是存在差异的，并且均从各自研究角度提出了优化人力资源配置的政策方向。一般来说，大多数国外学者会从人力资源的市场配置方面（把人力资源视为可以自由流动的基本市场要素）来研究与分析该问题，而国内学者研究该问题的角度相对宽泛一些（从经济学视角、管理学视角和社会学理论视角等方面）。国内学者关于人力资源配置的研究成果大致总结如下：第一，人力资源是推动经济增长的重要因素，是地区经济增长的必要条件。第二，人力资源需要与资本、土地等其他要素资源相结合，才能发挥自身作用，并且要素之间的匹配关系将影响各生产要素的利用效率。第三，区域内人力资源存量的积累对地区经济增长起到了显著的推动作用。第四，区域内人力资源配置的合理性对该区域产业结构优化与升级以及区域经济稳定、健康发展均表现出较为显著的正向影响，而且地区人力资源配置状态是否合理是不同地区之间经济增长差异产生的重要原因。第五，要充分发挥政府宏观调控职能，发挥政策效能完善和优化人力资源配置。

总体来看，在人力资源配置方面，国内外相关学者进行了广泛而又深入的研究，并取得了丰富的研究成果，但应该认识到，现有的研究成果，在深度认识上是缺乏的，成果大多停留在对表面现象的解释上，且针对特定地区人力资源配置问题的有价值的研究成果数量较少，本书将在现有国内外学者研究成果的基础上，从东北地区的实际情况出发，系统地分析与阐述东北地区人力资源存量配置的特征，人力资源配置进程中对东北经济增长的作用、人力资源配置进程中存在的问题，以及影响东北地区人力资源配置合理化的原因与机制，东北地区人力资源配置效率分析，东北地区人力资源配置结构与我国其他地区（东部地区、中部地区和西部地区）的差异以及这种差异对地区经济发展带来的影响等问题，以期通过上述研究在一定程度上对现有研究成果起到完善和补充的作用，并对后续学者在人力资源配置相关问题的研究上提供一定的参考和借鉴。

第三节 研究内容与研究方法

一 研究内容

本书主要包括五章的内容：

第一章对国内外学者关于人力资源及其配置的研究进行了梳理和总结，指出了本书所要解决的重点问题、研究的思路和所要运用的主要方法。

第二章在对人力资源配置进行科学界定的基础上，简要地介绍了劳动分工、资本有机构成、比较收益、内生经济增长等相关理论，阐述了人力资源的自我配置、地区配置、行业配置、物质配置和技术配置，重点论述了人力资源配置的机制以及各自的优缺点，为本书奠定了理论基础。

第三章在简要地回顾东北地区人力资源配置历史的基础上，阐述了东北地区的劳动人口资源、教育资源、科技资源和健康资源等配置现状，重点探讨了人力资源存量配置在我国四大地区间的差异性，指出东北地区人力资源存量配置的主要差距，为本书提供实践支撑。

第四章在对教育、科技和健康领域人力资源配置对地区经济增长的影响进行研究假设的基础上，对我国东部地区、中部地区、西部地区和东北地区四大地区的人力资源配置效率及其对地区的产业结构变化和经济增长的影响进行了区域比较分析；基于定量和比较分析，对东北地区经济增长与人力资源配置中的主要问题进行了归纳总结。本书认为，人力资源缺乏且仍在流失、产业配置结构失衡、整体配置效率不高等，是东北地区人力资源配置中存在的主要问题。其中，"偏离全国经济发展中心、区域自身发展动力不足、传统产业的人力专用性较强且对新兴产业的适应性较弱，以及受传统体制长期影响形成的人力资源配置机制的不灵活"等，是造成东北地区人力资源配置存在问题的主要原因。

第五章在概要分析人力资源配置影响要素的基础上，分析了人力资源配置与经济发展、产业演进、政策引导、市场带动之间的内在联系，尝试构建了人力资源优化配置的机制；借鉴国内发达地区人力资源配置实践过程中的有益经验，结合东北地区人力资源配置过程中存在的问题和原因，提出了东北地区优化人力资源配置的对策建议，即坚持政策引导和市场主导相结合、项目植入带动和民营经济发展相结合、产业创新发展和区域便利性增强相结合等。

二 研究方法

本书以人力资源配置理论和地区经济增长理论为理论基础，并利用相关计量模型和我国东北地区 2000—2013 年的相关时间数列数据对东北地区人力资源存量配置对东北经济增长的作用、东北地区人力资源配置效率优化问题、东北地区人力资源配置结构与我国其他地区（东部地区、中部地区和西部地区）的差异以及这种差异对地区经济发展所带来的影响等问题进行了定性和定量分析。为了确保本书研究过程与结果分析的客观性与合理性，将在研究过程中使用以下三种方法：

（一）文献研究法

文献研究法是开展科学研究过程中最基础的研究方法之一，也是最基本的研究方法。一般来说，针对学者自身感兴趣的问题，要先通过查阅国内外大量文献，了解和把握国内外相关问题研究的基本情况如何，也就是自己关注的问题别的学者关注了吗、别的国家的学者关注了吗，如果关注了都从哪些视角开展了什么方面的研究、研究的方法如何运用、研究的结论是否具有科学价值，基于此，才能从根本上判断出自己所关注的问题是否具有一定开展科学研究的价值。因此，本书提出的初期就开展了大量文献收集、梳理和整理，通过国内外文献查阅，总结认识了人力资源概念、人力资源配置机制以及人力资源配置对经济增长作用与影响相关研究成果，为有效地开展后续分析和研究打下科学、坚实的基础。

（二）比较分析法

所谓比较分析法，是指按照一定的标准，把相互之间具有一定相关性的事物放在一个整体框架内统一进行分析与对比，进而用以寻找出所要研究对象的特殊性是开展科学研究中常用的方法之一。基于该研究方法，本书对我国东北地区人力资源存量、人力资源配置效率以及我国区划中"四大板块"（东部地区、中部地区、西部地区和东北地区）之间经济发展水平的差异及其原因进行了分析，以期能够提出促进东北地区人力资源合理配置和地区经济平稳、健康增长的政策建议。

（三）实证分析法

实证分析法是对理论假设和分析框架进行证实或证伪的一种分析方法，反映出理论与现实之间是否存在相互印证，是一种科学求真的过程，在具体方法运用上，侧重于统计和计量模型。本书主要利用相关计量方法和模型［多元回归分析模型、数据包络分析方法（DEA方法）和描述性统计分析方法等］以及2000—2013年我国东北地区人力资源存量、人力资源配置结构和东北地区经济增长的相关面板数据进行实证研究。

上述三种方法在开展研究过程中并不是孤立的，而是在运用一种方法过程中，同时会运用到其他两个方法，显然，这一方面反映了方法之间存在相互印证的特征，另一方面也能客观地反映出本书所关注问题能够运用不同方法取得相同的结论，科学意义重大。

第二章 人力资源配置的理论基础

本章在对人力资源配置进行科学界定的基础上,重点介绍了劳动分工理论、资本的有机构成理论、比较收益理论、经济增长与停滞理论以及内生经济增长理论等与人力资源配置相关的理论;阐述了人力资源配置的理论传导机制,包括人力资源的自我积累机制、人力资源的区域选择机制、人力资源的行业选择机制、人力资源与物质资源匹配机制、人力资源的技术匹配机制、人力资源的制度匹配机制等;论述了人力资源的两种配置方式及相应的优缺点。

第一节 人力资源配置相关概念与内涵界定

一 人力资源及相关概念界定

(一)人口资源

人口资源通常也可称为人口条件或人口要素,反映一定区域空间范围内一定数量、质量与结构的人口总体特征,是区域经济社会进行生产与再生产不可或缺的基本物质条件。显而易见,人口资源总体特征将不可避免地受区域自然环境、人文社会环境等诸因素的影响和约束。同时,也从根本上约束了人口的发展行为。

(二)人力资源

人力资源通常也称为人力资本,其主要反映人口与劳动力身上的一种自然生产能力,因此,需要一定的知识、技能和智慧附着于人口本身,反映出区域"有效劳动"的质量和效率,同时也反映出其作为

"财富"的区域特征。卢福财认为，人力资源是一定范围内的人口资源所具有的体力和智力劳动能力的总和，是存在于人类自然机体内的一种经济资源，它依托人口资源而存在，人口资源是人力资源存在的自然基础。[①]

（三）人口资源与人力资源之间的区别与联系

人口资源与人力资源之间的区别是显然的，前者反映区域的人口总量特征，尽管会有质量结构方面的认识，但并没有人力资源概念锁定得清晰，也可以认为，前者包含后者，但后者更能反映人力作用的区域活力与创新特征，也即人力资源越丰富的区域，区域经济发展潜力越大；两者的联系是人口资源中具备一定脑力和体力的那部分人口是人力资源即具有一定年龄和教育水平的那部分群体构成区域人力资源。

二 人力资源配置内涵界定

当代经济增长理论把人力资源投入视为经济生产过程中必要的投入资源，而相关投入资源的优化配置是经济生产过程中投入产出效用最佳的必备条件，因此，要对人力资源配置做一个相对合理的界定就有必要考虑到经济学中与要素配置有关的内容。人力资源投入、物质资源投入和技术投入是影响地区经济增长的三类较为重要的因素，物质资源、技术与人力资源的匹配性如何也决定了人力资源利用效率的高低。古典经济学假设资源配置的低效与不合理现象只是暂时存在的，资源的优化配置是靠完全竞争的市场机制自动调节的，在这种市场机制的调解下，各种投入资源的效率都可以得到充分发挥。显而易见，这种假设与实际情况存在较大出入。在古典经济学的分析框架下，市场是不存在失业问题的，劳动力市场是出清的，但是，实际情况是，无论是欠发达国家、发展中国家还是发达国家，都存在不同程度的失业问题。在某些欠发达国家，很多劳动者会因为素质相对较低而找不到工作；在某些发达国家，可能会因为高素质的劳动者较多而苦恼；在某些发展中国家，众多的普通劳动者却为地区经济增长做出

---

① 卢福财：《人力资源经济学》，经济管理出版社2003年版。

了重要贡献，而在某些低端劳动力较为缺乏的发达国家里却依然能够实现经济平稳、健康增长。上述这些情况的出现或多或少都与该国家或地区的人力资源配置是否合理有着一定程度的联系。

经济学理论认为，配置是指一个经济主体或社会在现有经济体制的约束下，对其所有的要素或资源在经济生产过程中进行的安排与分配。人力资源作为经济生产过程中的一种投入要素，就必然存在如何配置的问题，但是，人力资源它与物质资源配置存在着一定的差异。人力资源是需要通过劳动者的劳动而"外化"出来，它是依附劳动者而存在的；而物质资源却是相对独立的。因此，人力资源配置不仅要考虑其与其他投入要素之间的比例关系，也要考虑其所在地区的政治制度和经济体制等因素。

基于上述分析，本书把人力资源配置界定为：按照人力资源利用效率最大化原则，在一定的区域范围内对人力资源（教育程度、工作经验、健康情况等）及其相关资源（物质资本、技术、产业结构升级和经济制度改革等）进行合理分配与安排的过程。具体包括三个方面：一是人力资源配置追求人力资源效用最大化，也即通过人力资源的引导和优化配置，实现"物尽其用"；二是人力资源配置分为宏观和微观两个方面的配置层面，宏观配置以满足和实现国家战略发展方向，微观配置实现人口地方配置效率最优，从而实现宏观、微观两个层面的经济效率最大化；三是人力资源配置要同物质资本配置相一致，即要实现两者之间的均衡配置，只有这样，才能实现人力资源的合理与有效配置。

第二节 人力资源配置的相关理论

一 劳动分工理论

亚当·斯密（Adam Smith）在《国民财富的性质和原因的研究》一书中详细分析了有关一个国家或地区经济增长的问题，并提出了一个经济增长分析模型①,这个模型的具体思路大致如图2-1所示。

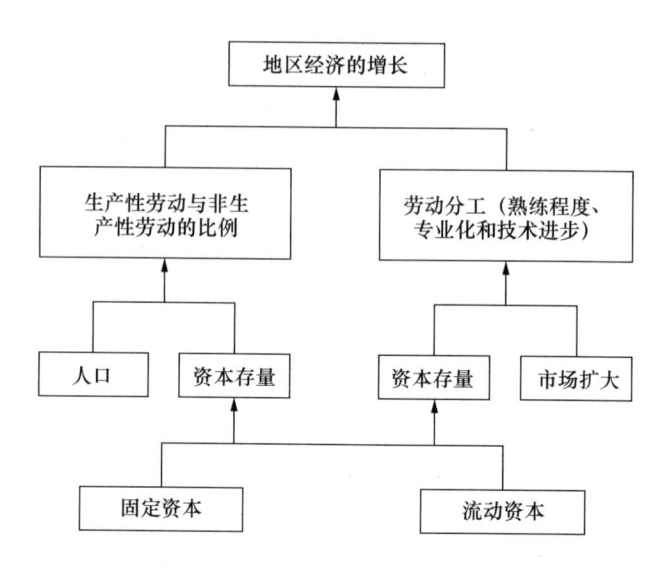

```
                    地区经济的增长
                    ↑           ↑
          生产性劳动与非生        劳动分工(熟练程度、
          产性劳动的比例         专业化和技术进步)
              ↑                      ↑
         ┌────┴────┐            ┌────┴────┐
         人口   资本存量         资本存量   市场扩大
                  ↑                ↑
                  └────┬───────────┘
                  ┌────┴────┐
                 固定资本   流动资本
```

图 2-1 亚当·斯密的经济增长模型

斯密指出,对于一个国家经济的增长来讲,有三个最为关键的要素,它们分别是:第一,非生产性劳动和生产性劳动之间的比例关系;第二,劳动分工所带来的生产效率的提升;第三,持续的相关资本积累与投资。其主要观点概括如下:

第一,斯密指出,不同类型工作之间的转换时间越来越少、工作熟练程度越来越高以及"机器化大生产"所带来的工人劳动的日益简化使劳动者总体生产效率有所提升,这种情况发生的根本原因是劳动分工的日趋合理所带来的劳动力生产效率的提高。

第二,斯密指出,劳动分工受"市场范围"制约,也即受社会经济制度和交通成本等因素影响,某些较为发达地区劳动分工的程度显然要高于偏远地区劳动分工的程度,这个观点后来被界定为"斯密定理",并得到普遍接受,该理论在很大程度上解释了资本主义早期经济的增长问题。

---

① 亚当·斯密:《国民财富的性质和原因的研究》,商务印书馆1972年版。

第三，斯密指出，生产性劳动的特点是反映了具体的"物质"生产过程，可以理解为物质产品的生产过程，强调生产者阶层的劳动价值和意义；非生产性劳动的特点是对非物质产品生产的界定和认识，也即现代意义的"服务"生产，本质意义上强调的是对当时地主阶层"作威作福"的特征认识。

第四，斯密进一步强调了资本投资与积累对地区经济增长的重要作用。他认为，资本积累不仅可以增加劳动者数量、实现充分就业以进一步增加国民产出量，并且它也能够带来劳动者生产效率的提高（固定资本投资增加的目的就是吸纳数目更多的劳动力就业以及使同等数量的劳动力资源完成数量更多的工作量）。整体来看，斯密关于劳动分工的这些理论观点为后续学者研究人力资源配置与经济增长的关系奠定了坚实的理论基础。

阿林·杨格（Allyn Young）的代表作《报酬递增与经济进步》一文进一步深化和发扬了亚当·斯密的劳动分工理论，该论文中有关对劳动分工、市场范围和交易费用关系的论述被后续学者命名为"杨格定理"。[①] 其主要观点如下：

第一，日趋合理的劳动分工对收益递增有显著的推动作用。

第二，杨格从个人专业化水平、生产链条的长度和链条上每个环节的产品种类数三个方面来描述劳动分工，并指出，供给与需求构成了劳动分工的两个方面。

第三，市场规模和劳动分工之间是相互影响、相互作用的关系。

杨格在一定程度上拓展了"斯密定理"的范围，他独创性地认识了市场规模、迂回生产与产业及部门分工之间的相互影响关系，以及作用过程自我演进的机理，研究成果超越了斯密关于劳动分工受到地区市场范围限制的观点。

在亚当·斯密和杨格的劳动分工理论观点的启发下，新古典经济学派对"专业化分工"和"报酬递增"的研究又有了更进一步的拓

---

① 阿林·杨格（Allyn Young）：《报酬递增与经济进步》，《经济社会体制比较》1996年第2期。

展，这些拓展可以归纳为以下四个方面：

第一，劳动分工的深化受到组织创新与制度变迁的制约和影响，而"交易效率"则决定着劳动分工的合理性。

第二，专业知识积累和技术性知识的获取受到劳动分工及其专业化水平的制约与影响，而且这种劳动分工及其专业化水平也是报酬递增的决定性要素。

第三，交易费用和分工收益两种因素共同制约着分工的深化程度，且其表现出"自动演进"的状态。

第四，通过大量的有关劳动分工的"试错"实验，人们可以获得更多的关于劳动分工的知识与经验，进而可以选择更为合理的劳动分工结构来提高分工水平，改进交易效率增加获得技术性知识的能力并最终转化成内生技术进步、推动地区经济增长。

古典经济学关于劳动分工的相关理论和观点对研究产业结构调整与人力资源配置之间的关系提供了重要的理论依据和借鉴。

二 资本有机构成理论

马克思在其代表作《资本论》一书中开创性地提出了"资本的有机构成"理论，他指出，可以从价值形式与物质形式两个角度来考察资本的构成。[①] 对于价值形式来讲，一定数量的可变资本与不变资本共同构成资本的全部，两种资本的比例被称为资本的价值构成。从物质形式来讲，一定数量的劳动力与生产资料共同构成了资本的全部，劳动力与生产资料之间的比例关系取决于当时的技术水平，这种由技术水平制约的两者之间的比例关系被称为资本的技术构成。一般来说，资本的技术构成与资本的价值构成之间是单向因果关系，前者的变化能够导致后者发生变化，而后者相应的变化也大致能够反映出前者的变化情况，两者之间表现出内在的有机联系。马克思把这种由资本技术构成主导且能够反映其变化的资本价值构成称为资本的有机构成，一般用 $C:V$ 表示。随着资本主义经济的不断发展，在全部资本

---

① 马克思：《资本论》第一卷，人民出版社2004年版。

中，可变资本的相对比例日趋下降、不变资本的相对比例日益增加，资本的有机构成呈现出不断上升的态势。

对于不同的国家或地区，或者是在一个国家或地区不同的发展阶段、不同的产业、不同的企业和不同的生产部门，由于其技术发展水平和资本的技术构成的差异导致其资本的有机构成也必然存在明显的差异（资本有机构成是由资本技术构成决定的）。资本家总是在不断地采用新的机器设备、使用新的技术等方法来提高生产效率以获得更多的利润和市场份额，因此，一个国家或地区资本的有机构成应该是表现出不断增加的态势，而不是长期不变的。资本生产效率的提升意味着资本的技术构成的提高，因为劳动者要在相同的时间内使用和处理更多数量的生产资料。而资本的价值构成变化又是由资本的技术构成所主导的，所以，一个社会或产业部门的资本有机构成中可变资本的相对比例在逐渐减少，而不变资本的相对比例则越来越大。这种资本积累与投资的不断发展也为新型机器设备和先进技术的使用提供了先决条件，这种情况的发生有力地促进了资本有机构成比例的提升。由此可见，资本家对利润和市场份额的不断追逐以及资本的不断积累导致了资本有机构成的逐渐提高。

一个国家或社会的就业总量会随着资本有机构成的提高而增加，因此，资本有机构成的提高并不影响和制约可变资本绝对量的上升，这种情况的出现会引起可变资本在总资本中的相对比例逐渐降低。所以，随着资本总额的不断增长和资本有机构成比例的不断上升，全部资本中不变资本的相对比例在逐渐递增，而可变资本的相对比例却有所降低，从而在经济生产过程中对于不变资本的需求量要高于对于劳动力的需求量。总体来讲，马克思的资本有机构成理论中的相关观点为后续学者研究物质资源投入对人力资源配置效率的影响提供了重要的理论参考和借鉴。

三 比较收益理论

贝克尔基于微观均衡视角，开创性地将收入分配理论同人力资本投资理论相联系进行了理论分析与研究，他指出，劳动者对自己的

"人力资本投资"与其未来的个人收入两者之间存在着显著的联系。[①] 假设区域内的每个家庭或个人都追求利润和价值最大化，贝克尔指出，在个人或家庭生命周期的某一阶段，个人或家庭未来利润和价值的"现值"等于个人或家庭对于自身的人力资本投资的边际成本时是其人力资本投资的均衡条件。贝克尔所提出的人力资本投资均衡条件主要包括如下三个方面的内容：

第一，劳动者的最优投资量与年龄的增长成反比，随着年龄的增长，对人力资本投资的边际成本将越来越大，而且劳动者可以预期的收益在逐渐降低（由于寿命的制约使得留下来获得投资收益的时间变少）。因此，从劳动者个人效用最大化角度考虑，每个劳动者都应该在年轻时加大对自身人力资本的投资。

第二，劳动者在年轻时随着对自身投资的增长，其收入的增长幅度也在加快；劳动者在中年时，这种收入增长幅度变缓，对自身投资有所降低；当劳动者到了老年时期时（接近于退休的年龄），由于其对自身投资不足以抵消"人力资本折旧"，对自身的人力资本投资会变得更少，因此，对于劳动者来讲，其人力资本折旧率和人力资本投资力度成反比例关系。

第三，从工资率定义公式 $W = AH$ 分析，A 代表劳动者的努力程度，如果 A 变小，劳动者未来的收益也会变小，因此，那些对未来"野心"不足的劳动者，其对自身投资的动力和意愿较低，这些劳动者的投资收益也较少。如果对这种类型的劳动者进行合理的激励，有可能使其既加大对自己相关专业领域的人力资本投资，也可以使其更为努力地去工作。

贝克尔在对人力资本与物质资本积累方式特征的研究后指出，人力资本投资回报率与人力资本存量积累之间表现出显著的正相关关系，且当劳动者对人力资本投资回报率大于其对物质资本的投资回报率时，劳动者才会持续地对自身进行人力资本相关投资。贝克尔认

---

① ［美］加里·贝克尔：《人力资本——特别是关于教育的理论与经济分析》，北京大学出版社1987年版。

为，在人力资本回报率和物质资本投资回报率之间存在一个均衡值H，H代表物质资本投资回报率和人力资本投资回报率相等。当人力资本投资回报率高于均衡值H时，人力资本投资回报率大于对物质资本进行投资的收益，劳动者有很强的内生动力对自身进行相应的人力资本投资，这时区域内人力资本存量会进入一个相对较高的水平。那些生育率较低的发达国家的实际情况在一定程度上也验证了上述观点的合理性。当人力资本投资回报率低于均衡值H时，对人力资本相关投资的收益要小于对物质资本投资的收益，区域内的劳动者没有较强的内生动力对自身进行相应的人力资本投资，这时该区域的人力资源存量就会长期徘徊在一个较低的水平。这种观点也从另一个角度验证了马尔萨斯的"人口陷阱理论"。贝克尔的人力资本比较收益理论对本书的启示是：一个国家或地区的人力资本投资回报率受到该区域内现有人力资源存量的制约，且在该区域内是否会发生较大规模的人力资本投资取决于该类型的投资收益与物质资本投资收益比较的结果。

四 经济增长与停滞理论

大卫·李嘉图（David Ricardo）在其著作《政治经济学及赋税原理》一书中，基于收入分配对社会财富和就业影响的分析，形成了其著名的经济增长与停滞理论。[①] 研究发现，合理的劳动分工不仅有利于提高劳动生产率，而且也会极大地增加社会财富及社会资本积累，但是，社会的现实现象是社会财富在不断地向少数人集中，与此相对应，欧洲很多国家中却存在着大量的一般仅能满足基本生存水平的贫困人口，这使大卫·李嘉图开始对收入分配、就业和经济增长等问题展开了深入的研究。其主要观点如下：如果把全球视为一个规模不变的"巨大农场"，并且仅有资本和劳动两种生产要素在"农场"从事农业生产和经营活动。

从大卫·李嘉图的经济增长与停滞模型（见图2-2）可以看出，在经济增长与停滞模型中，纵轴代表总产出水平，横轴则代表地区劳

---

① ［英］大卫·李嘉图：《政治经济学及赋税原理》，光明日报出版社2009年版。

动人口数量。在该模型中，劳动者最低生活水平线用 OL 表示，产量曲线（边际收益递减规律使得该产量曲线上突）用 OT_1 表示。当劳动者人口数量是 OX 时，其最低工资为 AX、利润为 CA，直线 OL 的斜率用来表示工资率，其计算公式为：工资率 $= AX/OX$（工人总工资额与总人数之比）。大卫·李嘉图的经济增长与停滞模型的运作机理如下：当存在较好的地区经济增长时，劳动力所获工资水平将会超过基本的生活需求水平（自然条件的生存工资水平），工资增长的信息反馈将激励人口进行再生产，生产更多数量的人口，从而推动地区内劳动人口的进一步增长。此时，总产出水平在 OT_1 上向右移动，劳动人口数量增加使工资沿着横轴向右移动，最终劳动者工资从 OL 线上的 B 点减少到基本生活水平线以下。总产出水平与劳动人口数量在 B 点保持持续上升，但是，此时 $BD < CA$（B 点所对应的利润小于 A 点所对应的利润），当沿着 OL 直线移动一直到达 E 点时，经济发展处于停滞（均衡）状态，此时，劳动者人口数量和总产出水平保持不变。

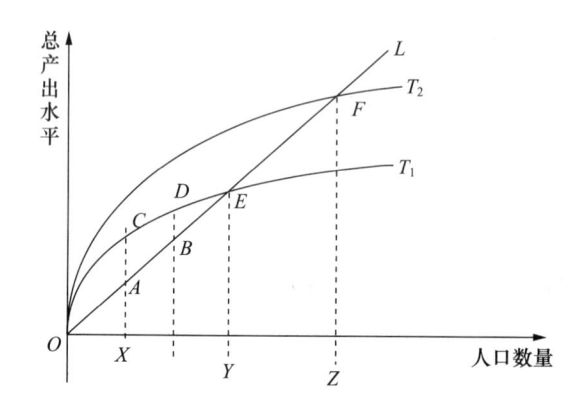

图 2-2 经济增长与停滞模型

大卫·李嘉图认为，技术进步使总产量水平从产量线 OT_1 上升到产量线 OT_2，显然，技术进步使总产出水平与初始状态相比产生了更大的回报，但边际收益递减最终使产出水平趋于稳态。同时，尽管经济增长停滞模型在 F 点的产量更高，劳动人口数量相对于 E 点更多

($OZ > OY$),但是,地区内劳动人口的生活水平和状态并没有改善,依然维持在最低生活水平。追求自身利益最大化的企业主总是依照自己的原则和方式去经营企业、组织生产,对斯密"自然工资"的信仰使其不会更多地去关注劳动者福利水平的改善与提升,在条件允许的情况下,劳动者能吃饱(保持在最低生活水平)就已经足够了,当地区经济以上述的方式运转时,地区经济增长就会陷入停滞状态。大卫·李嘉图在经济停滞与增长模型为本书研究收入分配对人力资源存量和人力资源流动等问题奠定了一定的理论基础。

五 内生经济增长理论

保罗·罗默(Paul Romer)是内生经济增长理论的主要创始人之一(另一个是罗伯特·卢卡斯,其代表作是《论经济发展机制》),保罗·罗默把知识积累也作为内生变量放到内生经济增长模型中来研究地区经济增长问题[在 H. Uzawa 和阿罗(Arrow)研究的基础上],研究结果肯定了知识积累(体现在劳动者身上)对地区经济发展的推动作用。[①] 保罗·罗默的内生经济增长理论的主要内容概括如下:罗默将一个国家或地区的经济划分为三个部门,分别是:研发部门、中间产品生产部门和最终产品生产部门。并认为,共有资本投入要素、劳动投入要素、人力资本投入要素和技术投入要素四种要素参与整个生产过程。同时,专业知识的累积和溢出效应是一个国家或地区经济实现规模收益递增和经济稳定、健康发展的主要因素之一,基于上述观点,罗默构建了生产函数模型,具体模型如下:

$$F_i = F(k_i, K, x_i) \qquad (2-1)$$

式中,F_i 代表 i 企业的产出水平,k_i 代表 i 企业的专业化知识水平,K 代表知识积累总和,x_i 代表 i 企业其他生产要素投入量,区域内知识积累总和 K 与特定产品专业化知识水平 k_i 之间的关系表示如下:

[①] Romer, Paul M., "Increasing Returns and Long–Run Growth", *Journal of Political Economy*, Vol. 94, No. 5, 1986.

$$K = \sum_{i=1}^{n} k_i \qquad (2-2)$$

根据式（2-2），当总体知识积累的增速小于专业知识积累的减速时，预示着规模收益递减，这时区域内经济增速放缓；当总体知识积累的增速等于专业知识积累的减速时，区域内经济按常数增长；当总体知识积累的增速大于专业知识积累的减速时，预示着规模收益递增，这时，区域内经济迅速增长。罗默把人力资本引入式（2-2）后指出，研发部门通过人力资本投入带动技术进步，从而促进区域内经济的再增长，其具体增长模型如下：

$$K = \int_0^A X(i)\,\mathrm{d}i \qquad (2-3)$$

式中，K 用来表示资本的积累（资本存量），A 用来表示技术水平，$X(i)$ 用来表示第 i 个生产要素的投入数量，从式（2-3）中可以看出，技术水平提升会推动资本积累增加，用 H_2 表示研发部门的人力资本，资本积累与技术之间的关系如下：

$$\frac{K'}{K} = \frac{A'P}{A} \left(K' = \frac{\mathrm{d}K}{\mathrm{d}t},\ A' = \frac{\mathrm{d}A}{\mathrm{d}t} = H_2 A \right) \qquad (2-4)$$

从式（2-4）可以看出，技术进步将有效地增进资本的投入，随着研发和技术进步增量的增加，中间产品生产部门生产出来的产品数量也会随之增加。进一步地，用 H_1 表示生产部门人力资本的投入量，其最终生产函数可设定为：

$$Y(H_1, L, x_i) = H_1^2 L^\beta \int_0^A X(i)^{1-\alpha-\beta}\,\mathrm{d}i \qquad (2-5)$$

通过式（2-5）可以看出，随着技术水平 A 的增加，产出 Y 也将随之增加，技术进步和经济产出均衡增长条件可表示成如下形式：

$$g = \frac{\delta + 1 - \theta\rho}{\alpha^{\theta\delta+1}},\ \left(\theta = \frac{\alpha}{(1-\alpha-\beta)(\alpha+\beta)} \right) \qquad (2-6)$$

从式（2-5）和式（2-6）中可以看出，人力资本投入量的增加将严格促进区域经济增长，且作用较为显著，一个国家或地区对于人力资本的投入量越大，其所引起的地区经济增长速度就越快；反之，人力资本的投入量越少，其对地区经济增长速度的影响就越小，区域经济将会存在缓慢发展态势。基于该经济增长模型，罗默论证了人力资本投入对地区经济增长的重要影响。保罗·罗默的内生经济增长模型（相对于索洛模型），不仅较好地解释了人力资本对地区经济增长的影响，而且更有效地解释了不同地区之间经济增长异质性问题，即当某地区的人力资源配置合理、配置存量充足时，该地区经济增长幅度比其他人力资源存量配置不充分地区的经济增长幅度要大。保罗·罗默的内生经济增长理论是本书研究东北地区人力资源配置与经济增长问题最重要的理论基础之一。

第三节　人力资源配置的基本机制

如果人力资源配置反映了人力资源的一种结果状态，那么，如何实现人力资源最优配置将使关注点聚焦在过程中的"传导机制"？经过梳理和分析，研究认为，应包括人力资源的自我积累机制、人力资源的区域选择机制、人力资源的行业选择机制、人力资源与物质资源匹配机制、人力资源的技术匹配和人力资源的制度匹配机制等方面的内容。

一　人力资源的自我积累机制

人力资源在同自然世界发生相互作用关系过程中，总能不断地丰富自身经验和知识水平，但是，人力资源本身总是存在自然禀赋差异的，从而在人力资源发展进程中，形成基于自我积累的人力资源差异。在农业经济时期，由于劳动者主要从事农业生产，因此，对劳动者的健康和体力要求较高，而其知识水平的要求则较低，体能是不同劳动者之间的最大差异；在工业经济时期，随着社会劳动分工的日益加深，对劳动者除要有健康和体能的要求之外，工作经验（劳动熟练程度）构成了不同劳动者之间的最大差异；在知识经济时期，健康、体能和工作经验依然是自身水平的重要体现，但是，对劳动者自身相关知识储备的要求大大提高了，除前三者之外，劳动者的知识水平进一步增加了不同劳动者之间的差异，也构成了人力资源的异质化。人力资源的异质化发展对于地区经济增长来讲是必要的，但是，人力资源异质化的发展路径有可能会与实际的社会需求产生偏离，如不能及时调整，就会造成人力资源配置的低效率和人力资源的浪费。总体来讲，想要实现区域内人力资源自我配置的合理化，不仅要处理好人力资源数量与质量的关系，也要协调好劳动者自身的健康、经验和教育之间的关系。

二 人力资源的区域选择机制

对于一个封闭的区域来讲，人力资源的供给和对人力资源的需求很难处于一种相对均衡状态，不是其供给大于需求，就是其需求大于供给，这种人力资源供需之间的不平衡只能依靠不同地区的不同类型的人力资源的自由流动来解决。因此，如果人力资源不能在不同地区之间自由流动必然会造成区域内人力资源的浪费、人力资源供需的不平衡以及人力资源配置的不合理，进而会带来一定程度的失业问题，这种情况的发生会在一定程度上威胁到地区的社会稳定和经济的持续、健康发展。

人力资源的区域配置是以该区域内物质资源存量和经济发展现状为考量，以区域内劳动人口和人力资源存量情况为基础，在多种政治、经济政策的调控下，通过不同地区之间的劳动人口的相互流动来实现人力资源、物质资源和技术资源等生产要素合理配置的过程。人力资源在不同地区之间的合理配置，不仅有利于不同地区自身经济的健康发展，也有利于一个国家总体经济的良性增长。

不同类型的人力资源在不同地区之间的自由流动是人力资源配置高效率的前提条件，如何做好地区人力资源配置工作，提出以下三个方面的建议：第一，要树立以"实用"为本的用人理念。人力资源合理配置的目的是更好地发挥人力资源的价值，要以实际需要为原则，要通过尽量避免图"多"和贪"高"现象的发生。第二，要通过尽量提供良好的工作环境和相对有竞争力的工作待遇来尽可能多地留住本地急需和短缺的人力资源。考虑到人力资源的区域配置本质上反映出的是人的一种经济选择行为，因此，人力资源在进行就业的区域选择时，不可避免地会遵循基本的"成本—收益"规律。第三，通过提供优厚的待遇和良好的平台与发展空间来吸引高质量人力资源到本地区工作。

三 人力资源的行业选择机制

人力资源的行业选择与配置是指不同类型的人力资源在不同行业之间以及同一行业内部不同部门之间的合理迁移与流动。显而易见，不同行业之间的人力资源存量、物质资源存量和技术积累之间的配置差异，相对于同一行业内部不同部门之间的配置差异，要更为显著一些。在劳动密集型行业中，劳动力比重相对于物质资源投入要大一些；在资本密集型行业中，物质资源投入相对于劳动力投入比重要大一些；在知识密集型行业中，高质量的人力资源配置是重中之重。人力资源相对于物资资源和技术积累的配置比例在不同的行业中存在着较为明显的差异。随着区域内产业结构的优化与调整，各个产业和部门对不同类型人力资源的需求都会产生相应的变化，在宏观调控区域内，人力资源配置状态时，一定要考虑到这种由于产业结构调整所带来的对人力资源需求的新变化。

一般来说，人力资源的行业选择与优化配置有两个目的：一是人力资源行业选择与配置的协调化；二是人力资源行业内配置的专业化。人力资源行业选择与配置的协调化是指人力资源在不同行业之间以及同一行业内部各部门之间配置的均衡性和合理性。不同行业之间的相关性和相互影响程度日益加深，如果某个行业或部门出现了人力资源配置问题，就可能波及与该行业有联系的其他行业或部门，因此，人力资源行业配置的协调化就显得极为重要。所谓人力资源行业配置专业化，是指人力资源的配置更加适应某特定行业或部门发展的要求，一般意义上的人力资源越来越向"专才"的方向发展。某一特定行业或部门人力资源的专业化程度越强，该行业或部门的产出效率就越高。总体来说，一个国家或地区不同行业之间人力资源配置的协调化和专业化程度越高，就意味该国家或地区人力资源行业配置的效率就越好，与此同时，其地区经济增长的速度就越快。

四 人力资源与物质资源匹配机制

人力资源和物质资源共同组成了现代经济生产过程中的两个重要生产要素,且人力资源和物质资源这两种生产要素在经济生产过程中表现出一定程度的替代性,因此,人力资源和物质资源之间必然存在最优的投入配比以使产出水平最大化。古典经济学理论指出,当边际成本小于边际收益时,在总体资源不变的前提下,可以适当地改变物质资源与人力资源两者之间的投入比例以提高总体产出水平。上述情况也在一定程度上说明,人力资源与物质资源配置是否合理会对人力资源的利用效率以及人力资源配置效率产生显著的影响。由于劳动者是人力资源的载体,人力资源具有主观能动性,因此,其在人力资源与物质资源配置过程中占主导地位,而人力资源与物质资源合理配置的关键在于人力资源的自由流动。如果人力资源在不同地区之间、不同行业之间、同一行业的不同部门之间以及城市和农村之间的流动和迁移是自由的、顺畅的和无阻碍的,那么,人力资源投入和物质资源投入之间的配置比例就能够自发地达到"帕累托最优"状态。

五 人力资源的技术匹配机制

在一个国家或地区的经济增长中人力资源和技术资源都在发挥着重要的作用,其中,人力资源与技术资源两者之间的适配问题尤其值得关注。当区域内技术是"内生"属性时,人力资源和技术的发展是同步的,两者之间的适配性就较好,它们结合起来对区域经济的贡献也较大;当区域内技术是"外生"属性时,人力资源和技术的发展就不是同步的,人力资源对这种外生属性的技术的消化与吸收是需要一定时间的,这时两者之间的适配性就不是很理想,它们结合在一起对区域经济的贡献就相对较小,根据经济学的基本原理,当人力资源和技术之间的适配性较差时,会对总体产出水平造成成倍的损失。一般来说,提高人力资源与技术的配置效率,应该从以下两个方面着手:第一,要积极培育和提升技术引进区域的人力资源存量水平,提高其对外来技术的消化、吸收和应用能力,进而实现该区域人力资源和技术之间的优化配置以带动区域经济进一步增长。第二，要做好外来技术的本土化改进工作，根据本区域人力资源质量的实际情况来适当改进和调整使用外来技术。

六　人力资源的制度匹配机制

人力资源作为一种具有主观能动性的生产要素，相关政策制度合理与否对其配置效率有着十分显著的影响。例如，相关政策补贴会推动区域内人力资源存量的积累与提高，但是，如果处于一个缺乏人力资源资本投资和创新动力的环境下，区域内人力资源存量就很难有效地积累和提升，这种情况的发生又会对政策补贴效率的落实产生负面影响。另一个比较典型的例子是，我国大学生扩招政策和我国农村剩余劳动力释放政策两者之间的错配，由于对高质量劳动力的需求而出现了我国的大学生扩招政策，而对劳动力数量的需求则出现了农村剩余劳动力释放的政策，但是，当两者（扩招毕业后的大学生和在市场上找工作的农民）同时出现在市场上就会发生彼此相互替代、抵消的结果，上述情况也是我国目前农民工和大学生就业困难的根本原因之一。因此，与人力资源配置有关的政策、制度的制定要符合促进人力资源配置的协调化和专业化发展的原则。只有设计合理的政策、制度，才能提高人力资源配置效率，进而提高区域经济增长速度。

第四节　人力资源配置方式分析与综合

一般来说，人力资源配置的方式包括两种：一种是人力资源的市场配置方式，另一种是人力资源的计划配置方式。人力资源的计划配置方式是由区域内政府机构来主导实现的，而人力资源的市场配置方式则是由市场机制这只"看不见的手"来调整实现的。

一　人力资源的计划配置方式

人力资源的计划配置方式是指由区域内政府等有关机构和部门通

过行政指令等手段，对地区人力资源进行统一的分配、调整和使用。计划配置作为地区人力资源配置的一种方式具有一定的优点。总体来讲，包括两个方面：

第一，对提高人力资源的总体效益有显著的推动作用。计划配置反映行政配置，人力资源的计划配置总是受制于国家和各地区战略，也就是人力资源如果能够满足国家和各地区经济社会发展战略需求，通过行政干预配置人力资源将会成为必然，这种类型的配置方式更有利于人力资源在不同地区之间以及同一地区不同行业之间的合理分配与流动，更有利于提升与实现人力资源的宏观效益。

第二，能够更好地发挥与实现人力资源的社会效益。为满足某一地区社会经济发展需要，将特定类型的人力资源输送到急需该类型人力资源的地区将有利于促进该地区的经济社会发展，从而实现人口在空间上的最优配置，从根本上发挥人力资源作用，实现其最大化社会效益。在考虑人力资源投入与物质资源投入合理配置的前提下，人力资源的计划配置方式对社会稳定、减少不同地区间经济发展的差异以及提振落后地区经济增长都有一定的积极作用。

计划配置作为地区人力资源配置的一种方式，在具有一定优点的同时，也存在一些缺陷。具体来说，主要包括以下三个方面：

第一，缺乏对人力资源个人意愿的考虑，行政手段反映"组织安排"，个人需要满足社会发展需求，地区政府和各有关部门通过相应制度与政策把劳动者安置或分配在其指定的工作岗位上，这个指定的工作岗位有可能不是劳动者（人力资源的载体）所期望的工作岗位，而这种情况的出现会影响和制约劳动者主观能动性和工作积极性的发挥，不利于人力资源利用效率的提高。

第二，由于地区政府组织结构和行政效率等方面的原因导致人力资源的计划配置方式的落实效率较低。人力资源的计划配置过程中，总是需要人力资源迁出地和迁入地进行协调，同时，因附着在人口迁移上的各种行政政策，使需要经过不同政府部门的审核和批准，不仅浪费了国家大量的人力、物力和财力，而且也降低了人力资源计划配置效率，这种情况的出现增加了人力资源的计划配置成本。

第三，高效的人力资源计划配置需要以完善的社会经济信息体系为基础，但是，实际情况是很难及时、准确地获得所需人力资源的供求信息。这种情况的发生也会在一定程度上影响和降低人力资源宏观配置的效率。

总体来说，要想提高人力资源计划配置效率，需要做好以下两个方面的工作：

第一，建立完善的社会经济信息运行平台。通过这个平台，既可以提供全面、及时与有效的人力资源供求信息，同时也可以获得实现地区经济发展所需的具有明确指向性的人力资源供求计划信息等，这样一来，就可以在一定程度上提升人力资源的计划配置效率，进而实现不同地区经济的均衡、稳定发展。

第二，综合考虑国家整体经济利益和不同地区经济利益，从而对不同地区不同类型人力资源的供求情况进行合理而有效的区域人力资源配置。

二 人力资源的市场配置方式

人力资源的市场配置方式一般是指在劳动力市场上，由工资、待遇和晋升机会等市场信息来自发调节人力资源的供求关系，最终实现人力资源的自由配置。相较于计划配置方式，人力资源的市场配置方式总体上具有以下三个方面的优势：

第一，人力资源的市场配置反映了一种自由交换的过程，本质是一种市场上买卖双方双向选择的行为，在这一交换过程中，充分体现了人力资本所有者的主观个人意愿和主观能动性，即劳动者的工作岗位不是由政府等部门调控安排的，而是其自由选择的结果，这种情况的出现不仅充分体现了人力资源产权的归属，也有利于发挥人力资源所有者的主观能动性与工作热情，进而有利于提高人力资源的利用效率。

第二，在人力资源市场上，只要人力资源供求双方协商一致，在此基础上签订相应劳动合同，而人力资源合同就会受法律保护，这种人力资源的市场配置方式不需要复杂而又低效的政府审批过程，极大地降低了相关经济成本，同时也提高了人力资源配置速度和效率。

第三，有利于实现各种类型的人力资源在不同地区的同一行业以及同一地区的不同行业、不同部门之间快速而有效地流动。不同地区人力资源这种快速而有效的流动，不仅能够把适合的人力资源放到适合的工作岗位上以提高人力资源所有者的工作热情和工作积极性，而且也有利于地区整体的人力资源配置效率的提升。值得注意的是，人力资源的市场配置得以发挥作用的基础是区域内人力资源市场拥有较为完备的市场运行机制与相应的市场服务体系，这种完善的机制和服务体系不仅能够保证绝大部分劳动者（人力资源的载体）在公平竞争的前提下自由地决定其地区、行业和部门的选择，而且这种机制和服务体系也能够为人力资源供求双方提供更为全面、及时和有效的相关信息，进而降低了由信息不对称而带来的各种成本，推动了区域人力资源的高效配置。

作为地区人力资源配置的主要方式之一，市场配置在具有一定优点的同时，也同样存在着一定缺陷。人力资源的市场配置方式强调了微观个体效益，但同时忽略了宏观和社会效益。人力资源的市场配置方式是在劳动力市场上由工资、待遇和晋升机会等市场信息来自发调节，从而通过人力资源的供求关系来实现人力资源自由配置。显然，这种配置方式会导致那些经济较发达、相关设施配套较好、个人发展机会空间较大和人居环境较好的地区凭借着其优势吸引更多高水平的人力资源和当前较为短缺的特定类型的人力资源到这些地区就业，这情况的发生会形成一定规模的集聚效应，对该地区经济的稳定、健康发展起到显著的促进作用。从人力资源所有者的视角来看，在那些各方面条件都较好的发达地区工作的比较收益较高，因此，那些地区急需的特定类型的人力资源和层次较高的人力资源通常都会选择在经济较为发达的地区就业和定居。而那些经济欠发达、相关设施配套较差、个人发展机会空间有限和人居环境一般的地区，不仅很难吸引到急需的特定类型的人力资源和层次较高的人力资源，而且其区域内的人力资源还存在着不同程度的外流现象。上述情况的发生必然会导致出现"贫者越贫，富者越富"的现象。如果一个国家的不同地区之间的人力资源配置的差距越来越失衡,那么很有可能这些不同地区之间的经济增长差距会越来越大。

另外,人力资源配置制度同样在人力资源效率方面发挥着巨大的作用。显然,一个公平合理的人力资源配置制度,有利于最大限度地发挥人力资源价值,并能进一步促进人力资源的持续健康发展。从人力资源的制度设计层面上看,其主要包括人力资本的法律保护制度、职业指导制度、就业制度、人事制度和合理的分配制度等。[①]

三 人力资源优化配置方式的综合

通过对人力资源计划配置和市场配置两种配置方式的分析,认为人力资源的计划配置方式反映了国家或区域层面的宏观战略需求,但存在制度成本高昂的缺陷;人力资源的市场配置方式反映个体的微观发展需求,就业选择灵活便捷,但不利于协调区域发展,即落后地区难以在市场配置作用下吸纳更多的人力资源。显然,一个可选择的人力资源优化配置方式是将两者有机结合的方式,既能发挥两者各自的优势,又能克服各自的缺点。

综合考虑人力资源自身特征特点、区域经济社会发展的制度环境、区域发展战略选择等,灵活、有序、有机地运用计划和市场两种人力资源配置方式,能够有效地发挥人力资源配置效率,促进区域经济快速发展。将计划和市场两种人力资源配置方式有机结合,其优势体现在以下四个方面:

第一,发挥计划配置的宏观效益作用。综合考虑区域经济发展需要,权衡计划配置和市场配置人力资源对区域宏观战略影响,如果区域宏观战略需要配置尽可能多的人力资源,特别是在区域开发阶段,计划配置更有效,也更能实现区域宏观效益目标。在这种状况下,就要发挥国家或政府作用,通过计划配置方式促进人力资源向这些区域转移就业等。如果区域经济发展相对成熟,并且还存在着一定程度的人力资源过程态势,显然,这时通过政府计划配置就显得不合时宜,

---

① 冯子标:《人力资本营运论》,经济科学出版社 2000 年版。

这时应充分发挥市场配置机制，这将更有效地配置人力资源。对于促进我国落后地区发展，从国家宏观战略考虑，计划配置人力资源可能是一个可选择的方向。①

第二，有利于发挥计划配置人力资源兼顾经济效益和社会效益的作用。市场配置人力资源的方式放大了人力资源自身的经济效益而忽视了国家或区域层面的社会效益，在这一配置过程中，如果市场配置机制起绝对主导作用，人力资源将会向有利于其收益最大的区域集聚，这些区域往往是发达的经济区域，在实现区域集聚人力资源优势的过程中，会不可避免地导致城市拥挤、社会不稳定等由人口大量集聚形成的"负外部性"。而人力资源的计划配置一定程度上将有效地缓解上述"负外部性"问题的产生和形成。②

第三，发挥市场配置方式有利于形成"以人为本"的发展理念。人力资源的市场配置方式，依照供需双方意愿实现，遵循基本"成本—收益"法则，反映微观个体和企业行为，不需要政府行政力量干预，并同时还受法律法规保护，在引导实现区域人力资源最优配置前提下，客观上形成了"以人为本"的发展理念。

第四，发挥市场配置方式有利于提高管理和社会运行效率。人力资源的市场配置方式只要供求双方能够"各得其利"，在协议与合同签订完成后即完成了人力资源配置，这一过程减少了由计划配置过程中政府行政审批环节，客观上避免了由行政干预带来的"寻租"，以及在审批过程中造成的政府财力和时间的无谓耗费，客观上促进了管理和社会运行效率的提升。

可见，在充分发挥人力资源计划和市场配置过程中，必须要立足于区域自身经济制度、发展阶段和发展条件等，有效地选择适合区域自身发展条件的人力资源配置方式或计划和市场相容的配置方式，充分发挥计划和市场各自的优势，实现区域人力资源的最优配置。同时，本书通过对国内外发达地区人才资源优化配置的主要做法进行了

---

① 魏建中：《人力资本范畴探析》，《经济论坛》2004年第22期。
② 魏奋子：《人力资本分类探析》，《甘肃理论学刊》2000年第4期。

探索和研究，认为国际社会主要从人才引导、社会保障、收入分配、教育投入、产学研合作等方面，构建人力资源配置机制。

第一，实施人才引导机制，优化区域内人力资源结构。人力资源结构对产业结构的影响已被国内外众多学者所论证，如何实现产业结构与人力资源结构的协同发展，对一个地区发展至关重要。在混合人力资源配置模式下，政府应有"收"有"放"，实现人力资源的优化配置。政府的"收"在于结合产业发展政策，实施有目的的人才引导机制。地区经济发展形势的多样化决定了区域内人力资源需求的多样化。政府在制定人力资源引进政策时，需要结合地区未来产业的调整方向，有目的地引进相关领域人力资源，增加重点产业的人力资源存量和质量。政府的"放"在于实现人力资源的择业行为市场化。通过建立市场化的人力资源市场，运用劳动力供求双方的"双向"选择机制，实现人力资源的优化配置。人力资源配置的市场化发展，有利于提高劳动者的自我竞争意识，通过自我学习、自我塑造和自我品质培养，提高自身在人力资源市场的竞争力水平，客观上促进人力资源在市场化空间上实现合理性和有效性配置，达到人力资源在各个层面上实现最优。

第二，完善社会保障制度，实现人力资源合理有序流动。统一的多层次的社会保障制度是人力资源合理有序流动的前提和保证，是人力资源市场运行的稳定机制。在实施人力资源配置中，政府应加大社会保障制度的改革力度，逐步建立和完善涵盖养老、失业、工伤、医疗、生育等各项保险的多层次社会保障体系，消除人力资源流动的后顾之忧，实现人力资源市场的发展与完善，充分发挥人力资源市场的配置功能。同时，应建立失业援助机制，一方面为失业者提供基本生活保障；另一方面采取有组织的培训、训练等方式提升失业者的就业能力，达到提升整体人力资源水平的目标。

第三，改革收入分配体制，提升人力资源的配置效率。在人力资源配置中，决定人力资源配置的核心是收入水平的高低，也就是工资水平。在市场经济条件下，工资水平由人力资源的供求状况和配置效率来决定，即在市场供求和竞争两方面的机制共同作用下，实现将稀缺的人力资源配置到最需要的经济部门就业。建立以人力资源市场的供求均衡价格为主要调节手段的收入分配机制，将紧缺人才配置到劳动率高的部门，同时政府对工资水平予以调控和监管，防止出现收入差距过大和薪酬结构不合理的问题。通过这种混合式的人力资源配置机制，实现人力资源在空间上的合理优化配置，从整体上提高人力资源的优化配置效率。

第四，重视教育，提升人力资源整体水平。人的受教育水平直接影响着人力资源整体水平，当国民教育水平超过一个临界点后，经济将会实现飞跃式发展。混合的人力资源配置机制中，政府和市场在教育方面应分而治之，共同努力。面对建设资金不足的问题，政府可采取多渠道融资的模式，通过加大财政投入力度，鼓励引导多种投资主体参与教育建设，利用社会的力量共同发展教育。与此同时，政府应根据市场的实际用人需求，调整教育结构，通过构建集职业教育、高等教育、成人教育等于一体的多层次教育体系，尤其是强化职业教育对人力资源素质提升的功能，提升区域内劳动力的整体素质，保障产业发展的用人需求。

第五，完善产学研合作体制，提升人力资源创新能力和水平。产学研反映一种平台，其主体可以是政府、企业、学校和科研机构，政府通过政策与制度引导，搭建企业与科研机构之间联系的平台，可以有效地促进两者之间的交流与融合；企业是生产实体，同时也是实践经验的重要来源，提供创新经验素材；学校和科研机构是智力资源重要集聚区，它们紧跟科技创新前沿，在产学研体制框架下，依托政府政策支持，将创新技术优先应用到企业主体，在企业运转过程中获得宝贵的经验。显然，通过产学研体制的打造，将极大地促进区域科技创新和社会经济的发展。[①] 一个地区经济增长的根本动力源自科技创新能力的提升，科技创新能力的提升则源自产学研合作模式的实施，世界各国在产业技术上的重大突破大多是为产学研合作模式所创造的。产学研合作模式是通过政府打造高科技产业园区，通过该园区与

---

① 仲伟俊、梅姝娥：《企业技术创新管理理论与方法》，科学出版社2009年版。

大学、科研机构之间形成产学研一体的互动模式，提高科技成果的转化效率，提高地区创新水平。产学研合作模式将产业、技术、人才等各种要素汇聚到一起，通过合理配置，促进科技创新所需的各种生产要素进行有效组合。[①] 在混合的人力资源配置模式中，政府通过科研经费支持、打造高科技园区等扶持政策吸引企业和学校的空间集聚，企业和学校间可通过联合开发、人才培养、非正式交流、咨询服务、技术转让、委托开发、设备共享等多种方式展开合作。在产学研合作模式过程中，人力资源通过合作大幅提升创新能力，同时也优化和提升了人力资源的配置层次和水平。

本章小结

本章提出了人力资源配置的概念内涵，认为人力资源配置是指依照人力资源利用效率最大化原则，在一定的区域范围内对人力资源（教育程度、工作经验、健康情况等）及其相关资源（物质资本、技术、产业结构升级和经济制度改革等）进行合理分配与安排的过程。本章重点介绍了劳动分工理论、资本的有机构成理论、比较收益理论、经济增长与停滞理论以及内生经济增长理论等与人力资源配置相关的理论。阐述了人力资源的自我积累机制、人力资源的区域选择机制、人力资源的行业选择机制、人力资源与物质资源匹配机制、人力资源的技术匹配和人力资源的制度匹配机制等促进和引导人力资源配置的传导机制，论述了人力资源的计划配置和市场配置两种方式，分析了两种不同配置方式的优缺点。通过比较分析，认为只有通过将人力资源计划配置和市场配置相结合，才能从源头上实现人力资源的最优配置。

---

① 谢园园、梅姝娥、仲伟俊：《产学研合作行为及模式选择影响因素的实证研究》，《科学与科学技术管理》2011 年第 3 期。

第三章 东北地区人力资源配置的历史演进及存量比较

本章在简要地回顾东北地区人力资源配置历史的基础上,分析了东北地区的劳动人口资源、教育资源、科技资源和健康资源等配置现状,重点对东北地区人力资源的存量配置进行了区域比较。

第一节 东北地区人力资源配置的历史演进

新中国成立至今,东北地区人力资源配置的发展主要经历了四个历史时期,并且在不同时期内,人力资源配置呈现出的状态存在巨大的差异。

一 计划经济体制下人力资源涌入

我国的第一个五年计划建设时期(1953—1958年),在计划作用下,人力资源涌入东北地区。这个时期,国家出于对政治、经济、文化和社会稳定等方面要素的考虑,把我国东北地区列入国家重点建设的经济地区之一,在东北地区进行了较大规模的相关经济投入与建设。从东北地区人力资源的配置视角来看,当时我国的第一个五年计划建设对东北地区人力资源配置状态的正向影响最为显著。具体表现在,这一时期,我国政府将当时苏联援助建设的156个工程项目以及其他类型限额以上的项目大部分都放在了东北地区。据统计,苏联援助建设的156个工程项目中150个实际落实的工程项目分布在17个省、自治区和直辖市,其中,建在黑龙江省的工程项目数量有22

个，占总工程项目数量的 14.7%；建在吉林省的工程项目数量有 10 个，占总工程项目数量的 6.7%；建在辽宁省的工程项目数量有 24 个，占总工程项目数量的 16%。建在东北地区的工程项目数量一共有 56 个，占总工程项目数量的 37.4%。从上述数据不难看出，当时国家对东北地区经济建设的重视程度，在第一个五年计划建设时期，我国的各个地区的资金、技术和人力资源都在源源不断地流向东北地区，东北地区的人力资源无论是在数量上还是在质量上都远远高于其他地区，因此，在"一五"时期，东北地区的经济增长态势十分良好，一直到 20 世纪 70 年代初，东北地区一直都是我国重要的工业基地和经济建设的重点地区。

二　计划经济体制下人力资源流出

1958—1979 年，是我国的后方"三线"建设时期，在计划经济的作用下，东北地区的人力资源出现了"援建"性质的外流。在这一时期，东北地区的一部分企业迁移到我国的南部地区和西部地区，与此同时，相应的人力资源也随之迁移到我国的南部地区和西部地区，在这个时期，东北地区的人力资源流出数量较多。具体表现在：这个时期，湖北第二汽车制造厂（以下简称二汽）是由吉林省长春市的第一汽车制造厂（以下简称一汽）援助建设的，东北重机学院的部分专业已迁移到了甘肃省的兰州，哈尔滨工业大学的火箭和航空等高端专业也有一部分迁移到了甘肃省的天水。随着相应援助建设的学校和企业在当地建设之后，与之相关的行政人员、管理人员、科技人员和教师等人力资源也就留在了当地。据统计，这个时期，我国东北地区向全国其他地区输送的各种不同类型的人力资源数量累计达到 173 万人。虽然人力资源的流失对东北地区经济增长带来了显著的负面影响，但是，从宏观视角来看，这种人力资源的区域平衡配置（人力资源的计划配置方式之一）对于我国经济的合理布局以及区域经济平衡发展起到了积极的推动作用，也为后来实施国家西部大开发战略奠定了坚实的基础。

三 市场经济体制下人力资源流出

1979—2003年,我国改革开放进程加快,国家关于东北经济建设的重点转移,再加上东北地区经济体制改革相对滞后,东北地区的经济增长与东部发达地区经济增长的差距逐渐加大。[①] 与此同时,在人力资源配置问题上也出现了独特的"东北现象",各种不同类型的人力资源开始从东北地区迁移到我国的其他发达地区,尤其是高层的管理型人力资源和科技类型人力资源流失最为严重。与上个时期不同的是,在这个时期,东北地区人力资源的流入数量远远小于其人力资源的流出数量,而且在流出的人力资源当中,各种类型的高层次人力资源占比较大,人力资源净流出的增加以及人力资源质量的下降在很大程度上制约了东北地区经济的进一步增长。

四 振兴战略实施以来的人力资源流动

从2003年开始,为扭转东北经济发展低迷的颓势,国务院陆续发布了《关于振兴东北老工业基地战略的若干意见》,落实振兴战略。随着国家的重视和东北地区经济体制改革的顺利进行,东北地区经济低迷的态势有所转变,其经济增长幅度逐渐提升,吸引资金、技术和人力资源的能力也在逐步增强,东北地区人力资源外流的现象也得到了一定程度的缓解。

第二节 东北地区人力资源配置现状分析

为了对近年来东北地区人力资源配置的基本情况有一个明确的认识和了解,本书将对我国东北地区人力资源各构成要素进行统计和分析,包括劳动人口资源、教育资源、科技资源和健康资源。

---

① 焦斌龙、焦志明:《中国人力资本存量估算:1978—2007》,《经济学家》2010年第9期。

一 劳动人口资源配置

一个国家或地区的适龄劳动人口数量是该国家或地区人力资源存量的重要基础,通过表3-1可以看出,东北地区适龄劳动人口数量从2000年的8000.04万人增加到2013年的8713.99万人,增长速度逐渐放慢,在2010年和2013年出现了小幅下降。

表3-1　　　东北地区历年适龄人口数量变化情况　　　单位：万人

年份	辽宁省	吉林省	黑龙江省	东北地区
2000	3157.03	2051.18	2791.84	8000.04
2005	3204.41	2112.08	2961.01	8277.50
2006	3325.47	2188.09	3050.39	8563.95
2007	3350.22	2174.78	3046.33	8571.33
2008	3364.15	2195.60	3057.05	8616.80
2009	3409.74	2201.83	3082.82	8694.39
2010	3423.99	2186.70	3054.35	8665.04
2011	3430.47	2171.53	3093.29	8695.29
2012	3511.55	2209.75	3042.72	8764.02
2013	3498.30	2170.80	3044.89	8713.99

资料来源：表中数据由历年《中国统计年鉴》的数据整理、计算得出。

其中,辽宁省适龄劳动人口数量从2000年的3157.03万人增加到2013年的3498.30万人,平均每年增长26.25万人;吉林省适龄劳动人口数量从2000年的2051.18万人增加到2013年的2170.80万人,平均每年增长9.2万人;黑龙江省适龄劳动人口数量从2000年的2791.84万人增加到2013年的3044.89万人,平均每年增长19.47万人;在东北地区,辽宁省适龄劳动人口数量总体呈现上升趋势,2013年比吉林省多1327.50万人,比黑龙江省多453.41万人,而且辽宁省适龄劳动人口平均每年增加的数量也是最多的,比吉林省多17.05万人,比黑龙江省多6.78万人,从上述数据可以看出,在东北地区内部,辽宁省的人力资源基础配置情况是最好的,黑龙江省的人力资源基础配置情况次之,吉林省的人力资源基础配置情况相对薄弱。

城镇单位就业人口是适龄劳动人口数量中最重要的组成部分,是区域内人力资源中最具生产力和创造力的群体,同时也是区域经济增长最有力的助推者。从表3-2中可以看出,东北地区城镇单位就业人口数量从2000年的1448.49万人增长到2013年的1495.30万人,其间增长46.81万人,年增长率仅为0.25%,几乎处于不变状态,这样的现实,与中国城市化进程快速发展的总体形势极为不符,这说明东北地区农村人口城市化贡献的人力资源仅仅能够抵消城镇单位就业人口的流失。同时,在东北地区内部,也存在着较大差异。辽宁省在经济社会发展和城镇化进程中吸引了其他地区人力资源涌入,使得地区城镇单位就业人数有了显著的提升,2013年较2000年增加了102.06万人,吉林省增加了8.49万人,黑龙江省减少了63.74万人。从连续多年的数据来看,辽宁省已经从人力资源净流出地区逐渐转变成为人力资源净流入地区。

表3-2　　　　东北地区城镇单位就业人口数量变化情况　　　单位:万人

年份	辽宁省	吉林省	黑龙江省	东北地区
2000	587.04	329.91	531.54	1448.49
2005	497.15	261.92	490.38	1249.45
2006	498.02	265.91	496.54	1260.47
2007	495.50	262.08	502.51	1260.09
2008	510.79	262.02	475.07	1247.88
2009	509.55	265.26	469.06	1243.87
2010	518.15	267.62	459.99	1245.77
2011	579.58	277.86	466.20	1323.63
2012	598.73	285.48	470.98	1355.19
2013	689.10	338.40	467.80	1495.30

资料来源:表中数据由历年《中国统计年鉴》数据整理、计算得出。

二 教育资源配置

一个国家或地区历年对教育的重视与投入,不仅可以提升该国家或地区的人力资源存量水平,而且也会对其地区经济稳定增长起到积极的促进作用。通过表3-3可以看出,东北地区教育经费投入从2001年的4182219.6万元增加到2013年的22395846.2万元,平均每年增长1517802.2万元。在东北地区内部,辽宁省教育经费投入从2001年的1703898.7万元增加到2013年的9802899.3万元,平均每年增长674916.7万元;吉林省教育经费投入从2001年的1051755.8万元增加到2013年的5619361.2万元,平均每年增长380633.8万元;黑龙江省教育经费投入从2001年的1426565.1万元增加到2013年的6973585.7万元,平均每年增长462251.7万元。从上述数据可以看出,在东北地区无论是教育经费投入的绝对数量还是平均每年教育经费投入增加幅度,辽宁省都远远地超过了吉林省和黑龙江省。

表3-3　　　　　东北地区历年教育经费投入情况　　　　　单位:万元

年份	辽宁省	吉林省	黑龙江省	东北地区
2001	1703898.7	1051755.8	1426565.1	4182219.6
2005	3164488.3	1742325.2	2342133.4	7248946.9
2006	3282282.5	1724212.5	2230540.2	7237035.2
2007	4122455.2	2133094.7	2736589.7	8992139.6
2008	4792311.1	2714194.5	3386550.7	10893056.3
2009	5349184.1	3006987.5	3486162.9	11842334.5
2010	6242614.6	3445611.4	4048565.2	13736791.2
2011	7809412.6	4293876.9	4838173.2	16941462.7
2013	9802899.3	5619361.2	6973585.7	22395846.2
年均增量	674916.7	380633.8	462251.7	1517802.2

资料来源:表中数据由历年《中国教育经费统计年鉴》的数据整理、计算得出。

教育是提高人力资源水平最有效的方式之一,而人力资源是推动地区经济健康发展的最重要动因之一,从图3-1 2013年东北地区教育经费投入比较可以看出，吉林省和黑龙江省需要进一步加大对教育的投入力度，提升其人力资源总体水平，进而实现地区经济的持续、稳定增长。

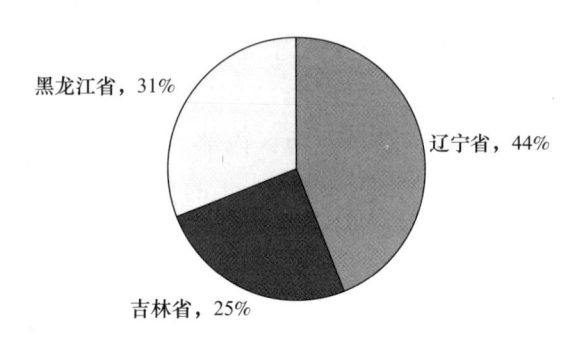

图 3-1　2013 年东北地区教育经费投入比较

普通高等学校毕业生是地区人力资源中最重要、最具潜力和发展空间的组成部分，这个指标在某种程度上决定了一个地区未来经济发展的走势。通过表 3-4 可以看出，我国东北地区普通高等学校毕业生数量从 2000 年的 119013 人增加到 2013 年的 571513 人，平均每年增加 34808 人。在东北地区内部，辽宁省普通高等学校毕业生数量从 2000 年的 53353 人增加到 2013 年的 241049 人，平均每年增加 14438 人；吉林省普通高等学校毕业生数量从 2000 年的 30480 人增加到 2013 年的 146379 人，平均每年增加 8915 人；黑龙江省普通高等学校毕业生数量从 2000 年的 35180 人增加到 2013 年的 184085 人，平均每年增加 11454 人。从上述数据可以看出，辽宁省普通高等学校毕业生数量和每年的增量均为最高，黑龙江省次之，吉林省普通高等学校毕业生无论在数量和增加量上均相对较少。

中等职业学校毕业生是地区人力资源中最基础和最主要的组成部分，该指标构成了地区经济发展的基础力量。通过表 3-5 可以看出，东北地区中等职业学校毕业生数量从 2000 年的 116018 人增加到 2013 年的 303482 人，平均每年增加 14420 人。在东北地区内部，辽宁省中等职业学校毕业生数量从 2000 年的 35843 人增加到 2013 年的 127767 人，

表 3-4　东北地区历年普通高等学校毕业生数量变化情况　　单位：人

年份	辽宁省	吉林省	黑龙江省	东北地区
2000	53353	30480	35180	119013
2005	144984	83982	100791	329757
2006	154970	102484	130973	388427
2007	169576	108700	148883	427159
2008	202312	117946	169988	490246
2009	206211	127411	174380	508002
2010	219564	135951	180982	536497
2011	236341	141569	196075	573985
2012	235984	146517	203792	586293
2013	241049	146379	184085	571513

资料来源：表中数据由历年《中国统计年鉴》的数据整理、计算得出。

表 3-5　东北地区历年中等职业学校毕业生数量变化情况　　单位：人

年份	辽宁省	吉林省	黑龙江省	东北地区
2000	35843	42018	38157	116018
2005	121551	52454	72172	246177
2006	125932	59549	101637	287118
2007	130513	68088	76586	275187
2008	129789	69512	75263	274564
2009	147303	81580	93863	322746
2010	142613	91836	121979	356428
2011	142226	96934	123316	362476
2012	131308	89817	124133	345258
2013	127767	83932	91783	303482

资料来源：表中数据由历年《中国统计年鉴》的数据整理、计算得出。

平均每年增加7071人；吉林省中等职业学校毕业生数量从2000年的42018人增加到2013年的83932人，平均每年增加3224人；黑龙江省中等职业学校毕业生数量从2000年的38157人增加到2013年的91783人，平均每年增加4125人。从上述数据可以看出，吉林省和黑龙江省中等职业学校毕业生的绝对数量和增加量相对于辽宁省存在着较为明显的差距，黑龙江省和吉林省每年的中等职业学校毕业生的绝对数量和增加量大致相同。

区域内人力资源受过高等教育人力资源的比例不仅在一定程度上代表着该区域人力资源质量水平，而且也反映了该区域当前经济发展的程度和吸引人力资源的能力。通过表3-6可以看出，东北地区大专以上学历占人口数量比重从2000年的5.30%增加到2013年的14.57%，平均每年增加约0.71个百分点。在东北地区内部，辽宁省大专以上学历占人口数量比重从2000年的6.18%增加到2013年的19.19%，平均每年增加约1.00个百分点；吉林省大专以上学历占人口数量比重从2000年的4.93%增加到2013年的11.10%，平均每年增加约0.47个百分点；黑龙江省大专以上学历占人口数量比重从2000年的4.80%增加到2013年的11.76%，平均每年增加约0.54个百分点。从上述数据可以看出，截至2013年，辽宁省大专以上学历占人口数量比重相对于黑龙江省和吉林省来说有着明显的优势，比吉林省高8.09个百分点，比黑龙江省高7.43个百分点，吉林省和黑龙江省大专以上学历占人口数量比重情况基本一致，黑龙江省略高。

表3-6　东北地区历年大专以上学历占人口数量比重变化情况　　单位:%

年份	辽宁省	吉林省	黑龙江省	东北地区
2000	6.18	4.93	4.80	5.30
2005	8.34	6.68	6.42	7.24
2006	9.57	7.02	6.11	7.70
2007	10.00	7.49	6.40	8.10
2008	11.00	7.57	5.97	8.37
2009	11.82	8.22	6.55	9.07
2010	11.97	9.89	9.07	10.31
2011	12.53	9.08	9.42	10.58
2012	18.50	8.97	10.11	13.20
2013	19.19	11.10	11.76	14.57

资料来源：表中数据由历年《中国统计年鉴》的数据整理、计算得出。

三 科技资源配置

通过前文对人力资源概念的界定可以了解到,所谓人力资源,是指凝聚在劳动力身上的知识、技能和健康等素质的总体水平的综合体现。这个总体水平和劳动力在经济活动过程中创造价值的能力之间呈现出显著的正向关系。从上述概念界定中可以看出,科技水平是考量人力资源水平的主要因素之一,而且科技水平的持续提高和科技的生产力转化能力,对保持地区经济稳定增长是极为重要的。一个国家或地区对科技方面的投入力度和当前科技水平也在很大程度上决定了该地区的经济增长方式与产业结构优化等重要问题的发展态势,下面对我国东北地区历年科技方面(包括研发经费、研发人员投入、研发项目数量和专利申请授权数量)进行较为详细的分析。

研发经费投入不仅反映了一个地区对科学研究的重视程度,同时也反映了该地区当前的科技和经济发展水平处于一个什么样的状态,通过表3-7可以看出,东北地区规模以上工业企业研发经费配置从2008年的2023623.2万元增加到2013年的4979774.0万元,平均每年增长591230.2万元。在东北地区内部,辽宁省规模以上工业企业研发经费配置从2008年的1289770.8万元增加到2013年的3331303.0万元,平均每年增长408306.4万元;吉林省规模以上工业企业研发经费配置从2008年的253052.8万元增加到2013年的698136.0万元,平均每年增长89016.6万元;黑龙江省规模以上工业企业科研经费配置从2008年的480799.6万元增加到2013年的950335.0万元,平均每年增长93907.1万元。从上述数据可以看出,在东北地区内部,辽宁省平均每年的研发经费配置增加量最大,比吉林省和黑龙江省总和的两倍还多,这种情况说明,在东北地区辽宁省对科研资源投入的力度是最大的。

通过图3-2可以直观地看出,在东北地区,辽宁省每年的研发经费投入量是最大的,远远超出了吉林省和黑龙江省的研发经费投入量,这种情况的发生不仅说明辽宁省在东北地区对研发资源投入的力度是最大的,也在一定程度上反映出辽宁省的工业经济基础和发展水平相对于黑龙江省和吉林省要好一些。

表3-7　　　东北地区规模以上工业企业研发经费配置情况　　单位：万元

年份	辽宁省	吉林省	黑龙江省	东北地区
2008	1289770.8	253052.8	480799.6	2023623.2
2009	1524988.2	306228.9	586423.2	2417640.3
2010	1913437.4	355404.5	728451.1	2997293.0
2011	2747062.6	488722.8	838042.3	4073827.7
2012	2894568.8	604325.7	906170.1	4405064.6
2013	3331303.0	698136.0	950335.0	4979774.0
年均增量	408306.4	89016.6	93907.1	591230.2

资料来源：表中数据由历年《中国统计年鉴》的数据整理、计算得出。

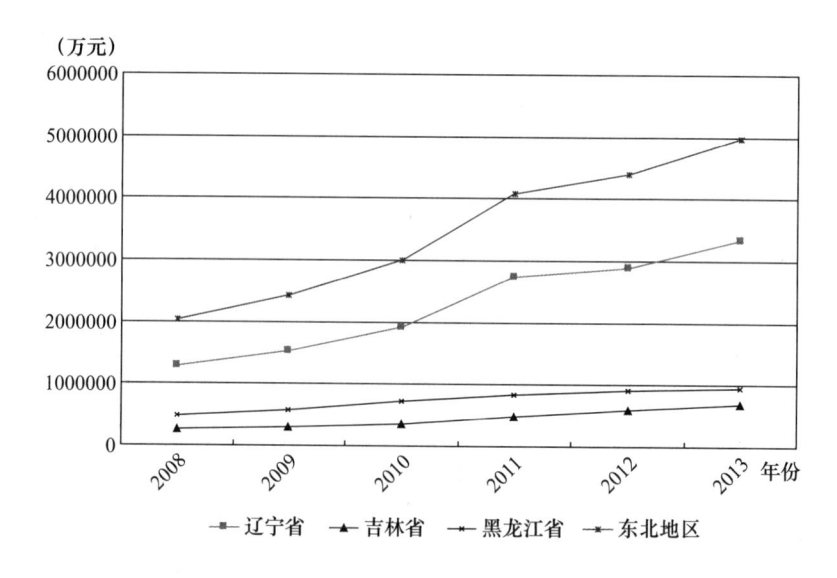

图3-2　东北地区规模以上工业企业研发经费配置对比

东北地区研发人员投入情况用全时当量表示，所谓研发人员全时当量，是指全时人员数加上非全时人员数按工作量折算为全时人员数的总和，该指标反映了区域内研发人员一年的总体工作水平。通过

表 3-8 可以看出,东北地区科研人员全时当量从 2008 年的 74901.3 人/年增加到 2013 年的 120095.0 人/年,平均每年增加 9038.7 人/年。在东北地区内部,辽宁省研发人员全时当量从 2008 年的 39986.6 人/年增加到 2013 年的 59090.0 人/年,平均每年增加 3820.7 人/年;吉林省研发人员全时当量从 2008 年的 8273.2 人/年增加到 2013 年的 23709.0 人/年,平均每年增加 3087.2 人/年;黑龙江省研发人员全时当量从 2008 年的 26641.5 人/年增加到 2013 年的 37296.0 人/年,平均每年增加 2130.9 人/年。从上述数据可以看出,辽宁省在研发投入的绝对量上是最高的,反映了辽宁省相对雄厚的研发基础,吉林省虽然在研发投入的绝对量上是最少的,但是,其每年研发投入的增加量处于中等水平,这种情况的出现也在一定程度上反映了其对研发人员投入的重视程度较高。

表 3-8 东北地区规模以上工业企业研发人员投入情况　　单位:人/年

年份	辽宁省	吉林省	黑龙江省	东北地区
2008	39986.6	8273.2	26641.5	74901.3
2009	47817.6	17188.4	30087.0	95093.0
2010	44423.8	19410.5	32467.0	96301.3
2011	47513.2	17883.8	39661.0	105058.0
2012	52063.5	24364.6	36255.8	112683.9
2013	59090.0	23709.0	37296.0	120095.0
年均增量	3820.7	3087.2	2130.9	9038.7

资料来源:表中数据由历年《中国统计年鉴》的数据整理、计算得出。

东北地区规模以上工业企业研发项目数量反映了其相关研发基础和其受重视程度,通过表 3-9 可以看出,东北地区研发项目数量从 2008 年的 8692 项增加到 2013 年的 14284 项,平均每年增加 1118 项。在东北地区内部,辽宁省研发项目数量从 2008 年的 4951 项增加到 2013 年的 7813 项,平均每年增加 572 项;吉林省研发项目数量从 2008 年的 859 项增加到 2013 年的 2164 项,平均每年增加 261 项;黑龙江省研发项目数量从2008年的2882项增加到2013年的4307项，平均每年增加285项。从上述数据可以看出，辽宁省工业企业研发项目的数量和平均每年增加量几乎等于吉林省和黑龙江省的总和，这种情况的出现说明辽宁省规模以上工业企业的研发基础和受重视程度要高于吉林省和黑龙江省。

表3-9　东北地区规模以上工业企业研发项目数量情况　　　单位：项

年份	辽宁省	吉林省	黑龙江省	东北地区
2008	4951	859	2882	8692
2009	5867	1026	3496	10389
2010	6063	1621	4113	11797
2011	6799	1885	4343	13027
2012	7710	1990	4231	13931
2013	7813	2164	4307	14284
年均增量	572	261	285	1118

资料来源：表中数据由历年《中国统计年鉴》的数据整理、计算得出。

专利申请授权数量是研发工作成果的集中体现，通过表3-10可以看出，东北地区专利申请授权数量从2000年的8744件增加到2013年的47694件，平均每年增加2996件。在东北地区内部，辽宁省专利申请授权数量从2000年的4842件增加到2013年的21656件，平均每年增加1293件；吉林省专利申请授权数量从2000年的1650件增加到2013年的6219件，平均每年增加351件；黑龙江省专利申请授权数量从2000年的2252件增加到2013年的19819件，平均每年增加1351件。从上述数据可以看出，黑龙江省平均每年专利申请授权数量的增加量是最多的，辽宁省次之，吉林省的专利申请授权数量的绝对量和平均增加量与黑龙江省和辽宁省都存在较大差距，说明其相关企业和部门研发工作的投入产出效率有待进一步提升。

表 3-10　　东北地区历年专利申请授权数量变化情况　　单位：件

年份	辽宁省	吉林省	黑龙江省	东北地区
2000	4842	1650	2252	8744
2005	6195	2023	2906	11124
2006	7399	2319	3622	13340
2007	9615	2855	4303	16773
2008	10665	2984	4574	18223
2009	12198	3275	5079	20552
2010	17093	4343	6780	28216
2011	19176	4920	12236	36332
2012	21223	5930	20268	47421
2013	21656	6219	19819	47694
年均增量	1293	351	1351	2996

资料来源：表中数据由历年《中国统计年鉴》的数据整理、计算得出。

四　健康资源配置

健康投资是人力资源存量的重要组成因素，随着区域内医疗卫生和保健条件的改善，不仅可以提高该地区居民的平均寿命，提高疾病的治愈率，降低疾病的发生率，改善劳动者的精力和体力，进而扩大区域内劳动者的总体劳动产出水平。所以，在区域内人力资源数量不变的前提下，良好的卫生、保健环境不仅能够吸引更多的人力资源投入，而且同时还能够在一定程度上保障和提升区域内劳动者的劳动产出水平，进而促进地区经济增长。由于数据的可获得性和统计口径的一致性等方面的因素，本书选取医疗卫生机构数量、卫生人员数量和社区服务中心数量作为衡量东北地区在人力资源健康资源配置方面的指标。区域内劳动者的健康情况会在一定程度上直接受到该区域卫生医疗水平的影响和制约，而衡量特定区域医疗卫生水平的一个重要指标就是相关医疗机构的配置建设情况，我国东北地区历年医疗卫生机构的配置情况具体如表 3-11 所示。

通过表 3-11 可以看出，东北地区医疗卫生机构数量从 2000 年的 26146 个增加到 2013 年的 76894 个，平均每年增加 3904 个。在东北地区内部，辽宁省医疗卫生机构数量从 2000 年的 12564 个增加到 2013 年的 35612 个，平均每年增加 1778 个；吉林省医疗卫生机构数量从 2000 年的 5544 个增加到 2013 年的 19913 个，平均每年增加 1105 个；黑龙江省医疗卫生机构数量从 2000 年的 8038 个增加到 2013 年的 21369 个，平均每年增加 1025 个。从上述数据和图 3-3 中可以看出，辽宁省健康资源配置基础是最好的，且其每年医疗机构的增加量也是最多的，吉林省虽然健康资源配置基础相对较弱，但其平均每年医疗机构的增加数量略高于黑龙江省，可以看出，吉林省比较重视卫生保健等健康环境的投入。

表 3-11　　　东北地区历年医疗卫生机构数量变化情况　　　单位：个

年份	辽宁省	吉林省	黑龙江省	东北地区
2000	12564	5544	8038	26146
2005	14925	8755	8326	32006
2006	15876	9696	8181	33753
2007	14819	9683	8464	32966
2008	14627	9659	7928	32214
2009	34729	18543	21825	75097
2010	34805	19385	22073	76263
2011	35229	19785	21749	76763
2012	35792	19734	21158	76684
2013	35612	19913	21369	76894
年均增量	1778	1105	1025	3904

资料来源：表中数据由历年《中国统计年鉴》的数据整理、计算得出。

区域内劳动者的健康情况不仅与其医疗卫生机构数量有关，而且与医疗机构相配套的各类医疗卫生人员的投入情况也存在一定程度的紧密联系，通过表 3-12 可以看出，我国东北地区各类医疗人员数量从 2000 年的 686767 人增加到 2013 年的 817749 人，平均每年增加

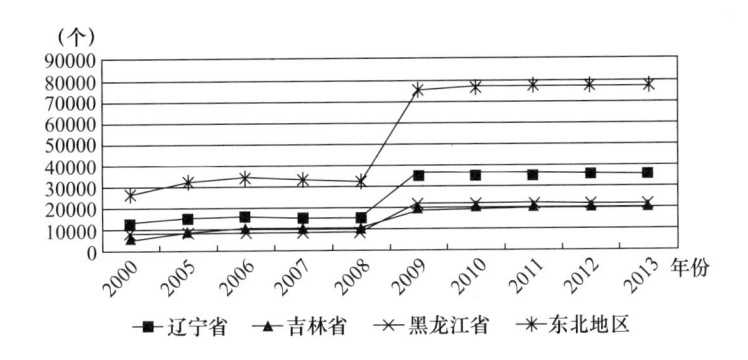

第三章 东北地区人力资源配置的历史演进及存量比较 75

图 3-3 东北地区历年医疗卫生机构配置变化情况

表 3-12　　东北地区历年医疗卫生人员数量变化情况　　单位：人

年份	辽宁省	吉林省	黑龙江省	东北地区
2000	296065	168456	222246	686767
2005	265194	157021	191172	613387
2006	273374	161438	191945	626757
2007	272720	160724	200346	633790
2008	274890	162303	203528	640721
2009	310007	180775	242973	733755
2010	316828	187106	262600	766534
2011	319116	192940	266066	778122
2012	329679	196395	270687	796761
2013	338443	200184	279122	817749
年均增量	3260	2441	4375	10076

资料来源：表中数据由历年《中国统计年鉴》的数据整理、计算得出。

10076 人；辽宁省各类医疗人员数量从 2000 年的 296065 人增加到 2013 年的 338443 人，平均每年增加 3260 人；吉林省各类医疗人员数量从 2000 年的 168456 人增加到 2013 年的 200184 人，平均每年增加 2441 人；黑龙江省各类医疗人员数量从 2000 年的 222246 人增加到 2013 年的 279122 人，平均每年增加 4375 人。从上述数据可以看出以下两点：第一，2000—2005 年，东北地区各个省份的医疗卫生人力资源都出现了一定程度的流失现象，从 2006 年以后开始逐步上升；第二,黑龙江省医疗卫生人力资源的增长速度是最快的,辽宁省次之,吉林省增长速度较慢。

衡量特定区域医疗卫生保健水平的另一个重要指标是相关社区服务中心的配置建设情况,我国东北地区社区服务中心的配置情况具体如表3-13所示。

表3-13　　　　　东北地区社区服务中心数量　　　　单位:个

年份	辽宁省	吉林省	黑龙江省	东北地区
2010	3309	477	2442	6228
2011	3472	447	2185	6104
2012	4068	589	2165	6822
2013	5408	631	2167	8206
年均增量	700	51	-92	659

资料来源:表中数据由历年《中国统计年鉴》的数据整理、计算得出。

通过表3-13可以看出,东北地区社区服务中心数量从2010年的6228个增加到2013年的8206个,平均每年增加659个;辽宁省社区服务中心数量从2010年的3309个增加到2013年的5408个,平均每年增加700个;吉林省社区服务中心数量从2010年的477个增加到2013年的631个,平均每年增加51个;黑龙江省社区服务中心数量从2010年的2442个减少到2013年的2167个,平均每年减少92个。从上述数据可以看出,吉林省社区服务中心建设方面与辽宁省和黑龙江省有着明显的差距,有待于进一步提高以增强对其区域内劳动者的卫生保健服务能力,提高其健康水平,推动区域经济增长。

第三节　东北地区人力资源配置存量的区域比较

为了更客观地分析东北地区人力资源的配置情况,本节将把东北地区人力资源配置与其他三大地区人力资源配置进行对比分析,以期了解东北地区人力资源配置在国内所处位置和发展水平,从而了解东北地区人力资源配置需要提升和改进的地方。

一 劳动力资源配置存量变化的区域比较

东北地区和其他地区的城镇单位就业人口数量存在显著差异,其变化趋势也存在明显不同,具体情况如表3-14所示。

表3-14   中国四大地区城镇单位就业人口数量及变化情况   单位:万人、%

年份	东部地区		中部地区		西部地区		东北地区	
	绝对数	占比	绝对数	占比	绝对数	占比	绝对数	占比
2006	4900	43.9	2527	22.6	2539	22.7	1195	10.7
2007	5099	44.6	2518	22.0	2623	23.0	1187	10.4
2008	5196	45.1	2520	21.9	2635	22.9	1165	10.1
2009	10963	49.0	4459	19.9	4760	21.3	2180	9.7
2010	11443	48.5	4848	20.5	5001	21.2	2298	9.7
2011	6784	47.1	3142	21.8	3163	21.9	1324	9.2
2012	7225	47.4	3305	21.7	3351	22.0	1355	8.9
2013	8892	49.1	3802	21.0	3918	21.6	1495	8.3
年均增量	570.3 (11.6)	0.7	182.1 (7.2)	-0.2	197.0 (7.8)	-0.2	42.9 (3.6)	-0.3

注:"年均增量"行中,"占比"列中的数字为百分点;括号内数字为年均增长率。
资料来源:表中数据由历年《中国统计年鉴》的数据整理、计算得出。

一个国家或地区的城镇单位就业人口数量是该国家或地区人力资源存量的重要基础,通过表3-14可以看出,我国东部地区城镇单位就业人口数量从2006年的4900万人增加到2013年的8892万人,平均每年增加570.3万人,平均每年增长11.6%;中部地区城镇单位就业人口数量从2006年的2527万人增加到2013年的3802万人,平均每年增加182.1万人,平均每年增长7.2%;西部地区城镇单位就业人口数量从 2006 年的 2539 万人增加到 2013 年的 3918 万人，平均每年增加 197 万人，平均每年增长 7.8%；东北地区城镇单位就业人口数量从 2006 年的 1195 万人增加到 2013 年的 1495 万人，平均每年增加 42.9 万人，平均每年增长 3.6%。从上述数据可以看出，在我国四大地区中，城镇单位人口增长比率最大的是东部地区，其年均增长 11.6%，西部地区和中部地区次之，分别为 7.8% 和 7.2%，东北地区城镇单位就业人口增长速度最慢，其年均增长为 3.6%，且其增长速度与其他三大地区存在着较大的差距。

从表 3-14 中的数据还可以看出，东部地区城镇单位就业人口数量占比从 2006 年的 43.9% 增加到 2013 年的 49.1%，平均每年增加 0.7 个百分点；中部地区城镇单位就业人口数量占比从 2006 年的 22.6% 减少到 2013 年的 21.0%，平均每年减少 0.2 个百分点；西部地区城镇单位就业人口数量占比从 2006 年的 22.7% 减少到 2013 年的 21.6%，平均每年减少 0.2 个百分点；东北地区城镇单位就业人口数量占比从 2006 年的 10.7% 减少到 2013 年的 8.3%，平均每年减少 0.3 个百分点。从上述数据可以看出，我国西部地区、中部地区和东北地区都存在着一定的人力资源流失问题，但其中以东北地区人力资源流失的情况最为严重。东北地区城镇单位就业人员数量占全国城镇单位就业人员数量占比变化情况大致如图 3-4 所示。

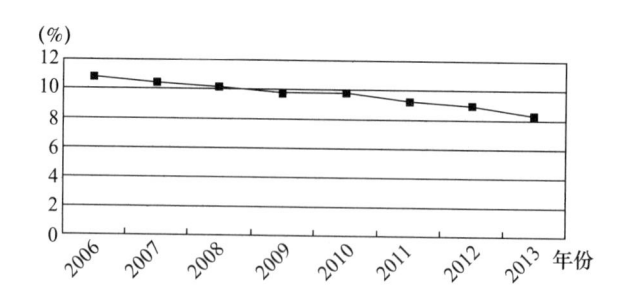

图 3-4　东北地区城镇单位就业人员数量占比变化情况

根据 2010 年第六次全国人口普查数据计算，东北地区合计当年净流出人口约 200 万人，其中，黑龙江和吉林省都是人口净流出地区,东北地区人口流出的主要原因首先是就业岗位不足,其次是经济结构过于依赖投资。2013 年,投资占东北地区 GDP 的 65%,远远高于全国 50% 的平均水平,经济体制落后等社会因素也促使人口主动或被动离开东北地区,东北地区的创业环境在全国处于落后水平,初创的小微企业在东北地区发展面临更多附加成本。

二 教育资源配置存量变化的区域比较

一般来说,教育资源配置是人力资源配置最主要的组成部分之一,是构成人力资源存量的最基本要素。东北地区和其他三大地区在教育资源方面的配置(包括教育经费、高等学校数量、高等学校专任教师数量以及高等学校毕业生数量)存在着较大差异。我国四大地区在教育资源配置方面的具体情况大致如表 3-15 所示。

表 3-15　　中国四大地区省均教育资源配置对比情况(2013 年)

地区	教育经费	高等学校数量	高等学校专任教师数量	高等学校毕业生数量
东部	13283875	97	61031	257791
中部	10416513	110	64117	300015
西部	6381910	51	29577	119809
东北	7465282	84	48974	190504

注:教育经费单位为"万元",高等学校数量单位为"个",高等学校专任教师数量单位为"人",高等学校毕业生数量单位为"人"。各个指标的平均值由特定地区某指标总值除以该地区省份和直辖市的总数量得到。

资料来源:表中数据由 2013 年《中国统计年鉴》和各省统计年鉴整理计算得出。

从表 3-15 中的数据可知,2013 年,我国东部地区省平均教育经费最高,为 13283875 万元,中部地区省均教育经费配置为 10416513 万元,西部地区省均教育经费配置为 6381910 万元,东北地区省均教育经费配置为 7465282 万元,东部地区省均教育经费投入是东北地区的约 1.78 倍(见图 3-5)。

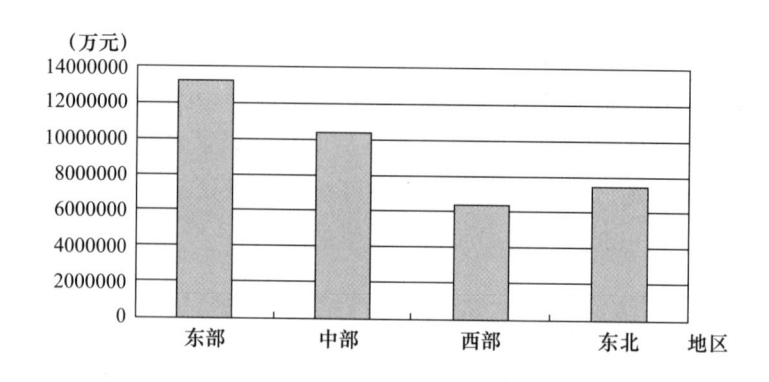

图3-5 中国四大地区教育经费配置对比情况（2013年）

从表3-15中的数据可知，我国东部地区省均高等学校配置数量为97个，中部地区省均高等学校配置数量为110个，西部地区省均高等学校配置数量为51个，东北地区省均高等学校配置数量为84个，其高等学校配置数量在我国四大地区中仅高于西部地区，东北地区在高等学校数量配置上与东部地区和中部地区仍然存在明显差距。我国东部地区高等学校专任教师省均数量为61031人，中部地区高等学校专任教师平均数量为64117人（其值最高），西部地区高等学校专任教师平均数量为29577人，东北地区高等学校专任教师省均数量为48974人，东北地区在高等学校教师人力资源配置上与中部地区和东部地区存在一定的差距，中部地区平均高等学校专任教师数量是东北地区的1.3倍。我国东部地区高等学校毕业生省均数量为257791人，中部地区高等学校毕业生省均数量为300015人，西部地区高等学校毕业生省均数量为119809人，东北地区高等学校毕业生省均数量为190504人，与中部地区相比，少了109511人，中部地区高等学校毕业生省均数量是东北地区的1.6倍。通过上述数据不难看出，我国各地区在教育人力资源配置方面存在着较大差异。东北地区的人力资源教育经费投入配置状况仅稍好于西部地区，与东部地区和中部地区相比，依然存在较大的差距，有必要进一步加大对相关教育人力资源配置的投入力度。

在区域人力资源配置中，高学历人力资源是最具主观能动性、创

第三章　东北地区人力资源配置的历史演进及存量比较　81

造性和对地区经济增长贡献最大的人力资源，其在地区人力资源配置中比例的高低对该区域的经济发展、产业结构优化和技术吸收都起着极其重要的作用，该指标在某种程度上可以说是人力资源配置问题中最核心的部分之一。东北地区与其他三大地区省均大学专科及以上人力资源配置对比的具体情况如表 3–16 所示。

表 3–16　　　中国四大地区省均大学专科及上人口占

适龄劳动人口比例（2013 年）　　　　单位:%

地区	大学专科学历人口占比	大学本科学历人口占比	研究生及以上学历人口占比
东部	11.46	9.91	1.34
中部	7.99	4.16	0.30
西部	7.90	4.81	0.31
东北	7.67	5.44	0.34

注：表中数据由《劳动力调查资料》（2014 年）的数据整理、计算得出。

通过表 3–16 中的数据不难看出，东部地区省均大学专科学历人口占区域内就业总人口的 11.46%（其值最大），中部地区省均大学专科学历人口占区域内就业总人口的 7.99%，西部地区省均大学专科学历人口占区域内就业总人口的 7.90%，东北地区省均大学专科学历人口占区域内就业总人口的 7.67%。东部地区省均大学本科学历人口占区域内就业总人口的 9.91%（其值最大），中部地区省均大学本科学历人口占区域内就业总人口的 4.16%，西部地区省均大学本科学历人口占区域内就业总人口的 4.81%，东北地区省均大学本科学历人口占区域内就业总人口的 5.44%，东北地区虽然省均大学本科学历人口占比排在四大地区的第二位，但是，其与东部地区的差距很大，而与中部和西部地区基本处于同一水平，该项指标数值都在 4%—5%。东部地区省均研究生及以上学历人口占区域内就业总人口的 1.34%（其值最大），中部地区省均研究生及以上学历人口占区域内就业总人口的 0.30%，西部地区省均研究生及以上学历人口占区域内就业总人口的 0.31%，东北地区省均研究生及以上学历人口占区域内就业总人口的 0.34%，东北地区、中部地区和西部地区的省均研究生及以上学历人口占 0.3% 左右，与东部地区存在非常大的差距，东部地区省均研究生及以上学历人口占比是东北地区的 3.9 倍（见图 3-6）。通过上述情况可以看出，东北地区和中部地区、西部地区的省均研究生及以上人力资源配置情况是基本相同的，在高学历人力资源配置上均与东部地区存在着很大的差距。

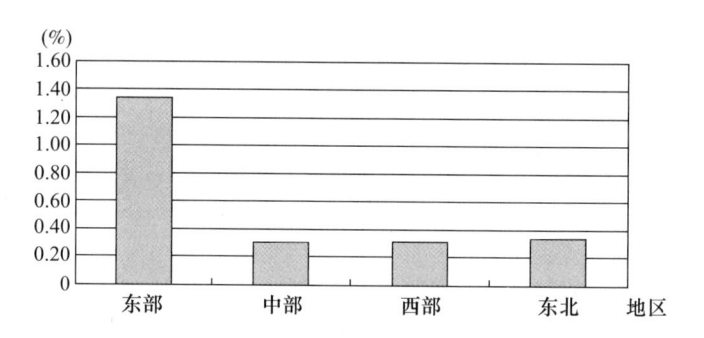

图 3-6 中国四大地区省均研究生及以上学历人力资源配置对比情况（2013 年）

三 科技资源配置存量变化的区域比较

区域内科技水平是人力资源存量的重要构成部分，该指标也是保持地区经济稳定增长的主要因素之一[①]，而且各地区对科技方面的投入程度也在一定程度上决定了该区域的经济增长方式、人力资源配置效率和产业结构优化等重要问题的发展态势[②]，东北地区和其他三大地区在科技资源配置投入方面（包括规模以上企业研发人员全时当量、研发经费、研发项目数以及专利申请授权数）的具体情况见表 3-17。

---

① 邹薇、代谦：《适宜技术、人力资本积累与长期增长》，《中国制度经济学年会论文集》，2003 年 8 月，第 560—580 页。
② 李福柱、周立群：《基于区域经济差异的人力资本结构研究——以东、中、西部地区为例》，《科学管理研究》2008 年第 6 期。

表 3-17　中国四大地区省均科技资源配置对比情况（2013 年）

指标	规模以上企业研发人员全时当量	规模以上企业研发经费	规模以上企业研发项目数	专利申请授权数
东部地区	169766	5653394	21855	88264
中部地区	72336	2266128	8462	25003
西部地区	20182	672793	2892	10820
东北地区	40031	1659925	6180	15898

注：表中数据由 2013 年《中国统计年鉴》和各省份统计年鉴整理计算得出。其中：规模以上企业研发人员全时当量单位为"人/年"，规模以上企业研发经费单位为"万元"，规模以上企业研发项目数单位为"个"，专利申请授权数单位为"件"。

通过表 3-17 中的数据不难看出，我国东部地区各省份 2013 年规模以上企业平均研发人员全时当量数值为 169766 人/年（其值最大），中部地区各省份规模以上企业平均研发人员全时当量数值为 72336 人/年，西部地区各省份规模以上企业平均研发人员全时当量数值为 20182 人/年，东北地区各省份规模以上企业平均研发人员全时当量数值为 40031 人/年，东部地区各省份规模以上企业平均研发人员全时当量是东北地区的 4.24 倍，在该指标上东北地区各省份规模以上企业仅比西部地区略好一些。我国东部地区各省份规模以上企业平均研发经费数值为 5653394 万元（其值最大），中部地区各省份规模以上企业平均研发经费数值为 2266128 万元，西部地区各省份规模以上企业平均研发经费数值为 672793 万元，东北地区各省份规模以上企业平均研发经费数值为 1659925 万元，仅为东部地区各省份规模以上企业平均研发经费的 29%。我国东部地区各省份规模以上企业平均研发项目数量为 21855 个（其值最大），中部地区各省份平均研发项目数量为 8462 个，西部地区各省份规模以上企业平均研发项目数量为 2892 个，东北地区各省份规模以上企业平均科研项目数量为 6180 个，东部地区各省份规模以上企业平均研发项目数量是东北地区的 3.5 倍。我国东部地区各省份规模以上企业平均专利授权数为 88264 件（其值最大），中部地区各省份规模以上企业平均专利授权数为 25003

件，西部地区各省份规模以上企业平均专利授权数为10820件，东北地区各省份规模以上企业平均专利授权数为15898件，东北地区各省份规模以上企业平均专利申请授权数仅为东部地区的18%。上述数据说明，在科技资源配置投入方面，我国四大地区各省份做得最好的是东部地区和中部地区，东北地区与东部地区和中部地区各省份在科技资源配置投入方面依然存在着较大差距。

四 健康资源配置存量变化的区域比较

在区域内人力资源数量不变的前提下，良好的卫生、保健环境，不仅能够吸引更多的人力资源进入该区域，而且还能够在一定程度上保障和提升区域内劳动者的劳动产出水平，进而促进地区经济增长。由于数据的可获得性和统计口径的一致性等方面因素，本书选取基层医疗卫生机构数量、专业公共卫生机构数量、医疗省均机构床位数量和医疗人员数量作为衡量我国四大地区各省份在健康资源配置方面的指标，其具体情况如表3－18所示。

表3－18　　中国四大地区省均健康资源配置对比情况（2013年）

地区	基层医疗卫生机构数量	专业公共卫生机构数量	医疗人员数量	医疗机构床位数量
东部	29757	771	388484	223426
中部	42945	1483	412865	269158
西部	24063	982	216725	147366
东北	23791	920	272583	188096

注：表中数据由2013年《中国统计年鉴》和各省份统计年鉴整理计算得出。其中：基层医疗卫生机构单位为"个"，专业公共卫生机构单位为"个"，医疗人员单位为"人"，医疗机构床位单位为"张"。

通过表3－18中的数据不难看出，我国东部地区各省份2013年平均基层医疗卫生机构数量为29757个，中部地区各省份平均基层医疗机构数量为42945个，西部地区各省份平均基层医疗机构数量为24063个，东北地区各省份平均基层医疗机构数量为23791个，东北地区各省份该指标值仅与西部地区各省份基本持平，且为各地区最低。东部地区各省份2013年平均专业公共卫生机构数量为771个，中部地区各省份平均专业公共卫生机构数量为1483个，西部地区各省份平均专业公共卫生机构数量为982个，东北地区各省份平均专业公共卫生机构数量为920个，东北地区各省份该指标值处于平均水平。东部地区各省份2013年平均医疗卫生人员数量为388484人，中部地区各省份平均医疗卫生人员数量为412865人，西部地区各省份平均医疗卫生人员数量为216725人，东北地区各省份平均医疗卫生人员数量为272583人，东北地区各省份该指标值相对较低，比医疗卫生人员配置最高的中部地区少了140282人（东北地区和其他三大地区各省份医疗卫生人员数量配置对比情况见图3-7）。东部地区各省份2013年平均医疗机构床位数量为223426张，中部地区各省份平均医疗机构床位数量为269158张，西部地区各省份平均医疗机构床位数量为147366张，东北地区各省份平均医疗机构床位数量为188096张，东北地区各省份该指标值相对较低，医疗机构床位配置数量最高的中部地区各省份的平均医疗机构床位数是东北地区各省份的1.43倍。通过上述分析可以看出，我国四大地区各省份在健康资源配置的投入上有着较大的差距，在健康资源配置上，投入最大的是中部地区，东北地区排在第三位，仅仅略高于西部地区。

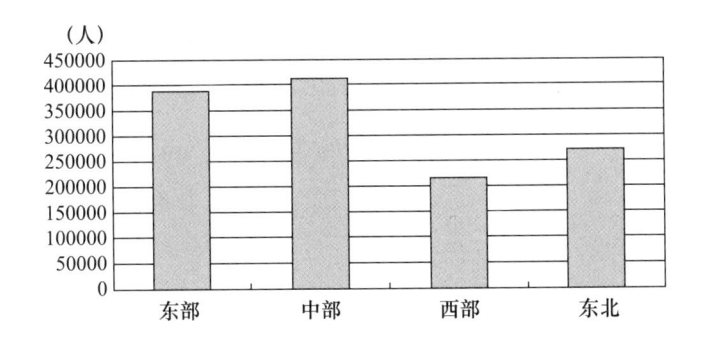

图3-7 中国四大地区各省份医疗卫生人员数量配置对比情况（2013年）

本章小结

本章在概述东北地区各省份人力资源配置的历史与现状的基础上，重点从劳动人口资源、教育资源、科技资源和健康资源四个方面对人力资源的配置情况进行了统计分析、区内比较和区际比较。研究发现：东北地区内部各省份的人力资源配置分布不均，辽宁省显著优于黑龙江省和吉林省；对于人力资源流失问题，黑龙江省的人力资源流失现象最为严重，吉林省次之，辽宁省已经从人力资源净流出地区逐渐转变为人力资源净流入地区。从区际来看，全国四大地区之间的人力资源配置同样存在明显差异，东北地区各省份城镇单位就业人口占全国比重逐年递减，高学历人力资源、教育资金投入、科技资源的投入水平较低，东北地区与西部地区同处于落后位置，东部地区和中部地区处于领先地位。

第四章 东北地区人力资源配置总体效率及其影响分析

本章首先对研究对象进行描述和界定；其次对各种类型的人力资源配置对地区经济增长的影响进行了理论分析，并对教育、科技和健康领域人力资源配置对地区经济增长的影响提出研究假设；再次实证分析我国四大地区人力资源配置、固定资产投资对其地区经济增长的影响，包括变量选取和数据来源、数据的描述性统计分析、模型构建、多元线性回归分析和结果解读五个部分；最后根据分析结果，得出相关结论，并对东北地区人力资源配置中的问题及其成因进行重点探讨。

第一节 东北地区人力资源配置总体效率分析

对于一个国家或地区经济的持续增长来讲，技术进步、管理体制创新、商业运作模式高级化以及相关制度的完善均是不可或缺的重要因素，但是，要使上述要素都达到一个较高的层次，那么人力资源的重要性就不容忽视。[①] 人力资源是科学技术及各种创新的主体，也是社会管理的主体，更是社会经济生产的组织者、领导者和中坚力量。在社会经济发展进入到知识经济时代的今天，人力资源在经济建设、

---

① 姚伟峰：《中国劳动力不均衡对技术效率进步影响实证研究》，《工业技术经济》2007年第4期。

社会发展和社会管理中将发挥越来越重要的作用。国内外众多学者对人力资源和经济增长问题展开了广泛而深入的研究,从其大量的研究成果中可以看出,人力资源对一个国家或地区经济发展的巨大推动作用已经得到普遍认可,因此,要想实现地区经济快速、健康发展,就必须在提升其区域内人力资源的数量和质量上下功夫。

区域内人力资源配置是指按照人力资源利用效率最大化的原则,在一定的区域范围内对人力资源(教育、技能、健康等资源)及其相关资源(物质资本、产业结构升级和经济制度改革等)进行合理的分配与安排。通过前文的理论与实证分析发现,构成人力资源配置的诸多要素的确对东北地区和其他三大地区经济增长起到了显著的促进作用,但是,对于各地区经济增长来讲,其历年人力资源存量配置的投入产出效率如何,东北地区各省、东北地区总体和其他三大地区的区域人力资源配置效率处于什么样的水平。本章将对这些问题进行分析。首先简要地介绍 DEA 方法;其次描述和分析 DEA 模型中的 CCR 方法,并选择该方法作为人力资源配置效率的实证分析模型;再次利用 CCR 方法对东北地区的人力资源存量配置的投入产出效率进行分析与评价;最后对相关实证结果进行分析和解读。

一 人力资源配置效率分析模型描述

(一) DEA 模型

在区域经济活动中,需要对具有相同类型的经济部门或单位的投入产出效率进行统计评价,其评价的依据是决策单元的"输入指标"与"输出指标",所谓输入指标,是指决策单元在相关社会经济活动中所需要投入使用的某些类型的资源或资本,例如,投入的固定资产投资额度、一定数量的机器设备、厂房、原材料、专利技术和资金等,而所谓输出指标是指决策单元利用各种投入所能实现的成效,例如,相关产品的销售收入、销售利润以及市场占有率等,人们可以根据输入数据和输出数据来评价各个决策单元投入产出效率的高低,进而评价相同或类似部门之间生产效率的相对有效性。① 运筹学家查尼斯和库珀（A. Charnes and W. W. Cooper）等在 1978 年提出了数据包络分析方法（Data Envelopment Analysis，DEA），这种方法能够较好地分析相同或类似部门间投入产出的相对有效性。由于 DEA 可以不用考虑各个投入要素的重要程度或权重系数，只分析其综合投入产出效率，应用范围已扩展到美国军用飞机的飞行、基地维修与保养，以及陆军征兵、城市经济、银行运营等方面，它也可以用来研究多种方案之间的相对有效性，帮助决策者挑选更加高效的项目方案，研究者在做出决策之前，可以预测一旦做出决策调整后的相对效果如何。笔者在本章中将使用 DEA 方法对我国各类型人力资本的综合投入产出效率以及我国各省、自治区和直辖市人力资本综合投资效率进行评价及分析。

（二）CCR 模型

在 DEA 方法中，使用率最高的就是 CCR 模型，该模型是对多个决策单元（DMU）通过多投入多产出系统的运行效率进行评价，来判断某一决策单元的投入产出效率相对于其他决策单元投入产出效率的优劣和相对有效性。CCR 模型的具体研究思路如下：

假设有 n 个单位或部门，每个部门都有 m 种输入和 s 种输出，其输入与输出的具体情况如下：

X_{ij}：表示 DMU_j 第 i 种要素投入数量；

Y_{rj}：表示 DMU_j 第 r 种要素产出数量（$j=1, 2, \cdots, n; r=1, 2, \cdots, s; i=1, 2, \cdots, m$）；

则 DMU 的输入向量矩阵如下：

$$X = \begin{pmatrix} x_{11} & x_{12} & \cdots & x_{1n} \\ x_{21} & x_{22} & \cdots & x_{2n} \\ \vdots & \vdots & & \vdots \\ x_{m1} & x_{m2} & \cdots & x_{mn} \end{pmatrix}$$

DMU 的输出向量矩阵如下：

---

① 颜鹏飞、王兵：《技术效率、技术进步与生产率增长——基于 DEA 的实证分析》，《经济研究》2014 年第 12 期。

$$Y = \begin{pmatrix} y_{11} & y_{12} & \cdots & y_{1n} \\ y_{21} & y_{22} & \cdots & y_{2n} \\ \vdots & \vdots & & \vdots \\ y_{s1} & y_{s2} & \cdots & y_{sn} \end{pmatrix}$$

在上述矩阵中：

$X_j = (x_{1j}, x_{2j}, \cdots, x_{mj})'$，表示 DMU_j 的 m 维投入列向量；

$Y_j = (y_{1j}, y_{2j}, \cdots, y_{sj})'$，表示 DMU_j 的 s 维产出列向量；

$U = (u_1, u_2, \cdots, u_m)'$，表示 m 种投入的权重向量；

$V = (v_1, v_2, \cdots, v_s)'$，表示 s 种产出的权重向量。

则 DMU_j 的效率指数如下：

$$h_j = \frac{U'Y_j}{V'X_j}, \ j = 1, 2, \cdots, n$$

式中，效率指数 h_j 代表在权重系数矩阵为 U' 和 V'、投入为 $V'X_j$ 且产出为 $U'Y_j$ 时的产出与投入的比值。

如果 DMU_0 的效率最高，则效率评价指数如下：

$$h_0 = \frac{U'Y_0}{V'X_0}$$

以 DMU_0 为基准考察的其他 DMU 的效率指数具有如下特点：

$$h_j = \frac{U'Y_j}{V'X_j} \leq 1$$

则 DMU_j 效率的 CCR 模型为：

$$\max \frac{\sum U'Y_0}{\sum V'X_0} = \mu'Y_0$$

$$\text{s.t.} \begin{cases} \dfrac{U'Y_j}{V'X_j} = \dfrac{\mu'Y_j}{\omega'X_j} \leq 1 \\ \mu > 0, \ \omega > 0 \end{cases} \quad (j = 1, 2, \cdots, n)$$

式中，$\mu = tU$，$\omega = tV$，$t = \dfrac{1}{V'X_0}$

该 CCR 模型还能够用如下形式表示：

$$\max \mu'Y_0$$

$$\text{s.t.} \begin{cases} \omega' x_t = \mu' Y_t \geq 0 \\ \omega' X_0 = 1 \\ \mu > 0, \omega > 0 \end{cases} \quad (j = 1, 2, \cdots, n)$$

上面线性规划问题的对偶规划为：

$$\min_{\theta, \lambda} \theta$$

$$\text{s.t.} \begin{cases} \sum_{j=1}^{n} Y_j \lambda_j \geq Y_0, \sum_{j=1}^{n} X_j \lambda_j \leq \theta X_0 \\ \lambda_j \geq 0 \end{cases}$$

引入非阿基米德无穷小量 ε 后，对其采取查尼斯—库珀变换，可将其变为最终的线性规划问题：

$$\min[\theta - \varepsilon(\hat{e}^t S^- + \hat{e}^t S^+)]$$

$$\text{s.t.} \begin{cases} \sum_{j=1}^{n} X_j \lambda_j + S^- = \theta X_0 \\ \sum_{j=1}^{n} Y_j \lambda_j - S^+ = Y_0 \\ \lambda_j \geq 0 \\ S^+ \geq 0, S^- \geq 0 \end{cases}$$

式中，$e^t = (1, 1, \cdots, 1) \in R^n$，$\hat{e}^t = (1, 1, \cdots, 1)^t \in R^m$，$S^+$ 与 S^- 分别是产出和投入松弛向量，其中，S^- 代表与最优值相比可减少的投入，S^+ 代表与最优值相比可增加的产出。在 CCR 方法中，当 $\theta < 1$ 时，称 DMU_j 无效；当 $\theta = 1$，且同时有 $S^+ \neq 0$ 或 $S^- \neq 0$ 时，称 DMU_j "弱有效"；当 $\theta = 1$，且 $S^+ \neq 0$，$S^- \neq 0$ 时，则称 DMU_j 有效。

二 东北地区人力资源配置效率评价

本章将采用 DEA 模型对东北地区不同类型的人力资源存量配置效率情况进行综合分析，本书选取固定资产投资额、城镇单位就业人口数量、教育经费支出、普通高等学校教职员工数量与中等职业学校教职员工数量之和、医疗卫生机构数量以及医疗卫生机构人员数作为输入指标，选取我国东北地区（辽宁省、吉林省和黑龙江省）的地区生产总值和专利申请授权数作为输出指标，并选取东北地区2008—

2013 年的面板数据作为 DMU 决策单元，原始数据的具体情况如表 4-1 所示。

表 4-1　东北地区人力资源配置情况（2008—2013 年）

DMU	(I) X_1	(I) X_2	(I) X_3	(I) X_4	(I) X_5	(I) X_6	(O) Y_1	(O) Y_2
辽宁省（2008）	10019	511	479	12.47	14627	27.49	13669	10665
辽宁省（2009）	12292	510	535	12.63	34729	31.00	15212	12198
辽宁省（2010）	16043	518	624	12.59	34805	31.68	18457	17093
辽宁省（2011）	17726	580	781	12.69	35229	31.91	22227	19176
辽宁省（2012）	21836	599	882	12.79	35792	32.97	24846	21223
辽宁省（2013）	25108	689	980	12.70	35612	33.84	27078	21656
吉林省（2008）	5039	262	271	8.73	9659	16.23	6426	2984
吉林省（2009）	6412	265	301	8.80	18543	18.08	7279	3275
吉林省（2010）	7870	268	345	8.80	19385	18.71	8668	4343
吉林省（2011）	7442	278	429	8.84	19785	19.29	10569	4920
吉林省（2012）	9512	285	482	8.89	19734	19.64	11939	5930
吉林省（2013）	9979	338	562	8.82	19913	20.02	12981	6219
黑龙江省（2008）	3656	475	339	10.05	7928	20.35	8314	4574
黑龙江省（2009）	5029	469	349	10.23	21825	24.30	8587	5079
黑龙江省（2010）	6813	460	405	10.18	22073	26.26	10369	6780
黑龙江省（2011）	7475	466	484	10.16	21749	26.61	12582	12236
黑龙江省（2012）	9695	471	532	10.28	21158	27.07	13692	20268
黑龙江省（2013）	11453	468	697	10.10	21369	27.91	14383	19819

资料来源：表中数据由历年《中国统计年鉴》的数据整理、计算得出。

在表 4-1 中，(O)表示输出变量，(I)表示输入变量，X_1 为固定资产投资额(亿元)，X_2 为城镇单位就业人口数量(万人)，X_3 为教育经费支出(亿元)，X_4 为普通高等学校教职员工数量与中等职业学校教职员工数量之和(万人)，X_5 为医疗卫生机构数量(个)，X_6 为医疗卫生机构人员数量(万人)，Y_1 为地区生产总值(亿元)，Y_2 为专利授权数(件)。表 4-2 给出了上述各个变量的描述性统计分析情况。

表4-2　东北地区历年各类型人力资源存量配置的描述性统计分析

指标	X_1	X_2	X_3	X_4	X_5	X_6	Y_1	Y_2
最大值	25108	689	980	12.79	35792	33.84	27078	21656
最小值	3656	262	271	8.73	7928	16.23	6426	2984
平均值	10744	440	527	10.54	22995	25.19	13737	11024
标准差	5903	128	200	1.63	8737	5.77	5949	7016

通过表4-2可以对东北地区各类型人力资源存量配置的最大值、最小值、平均值以及标准差有一个直观的认识，本章利用DEA模型中的CCR(O)方法作为我国东北地区不同类型人力资源存量配置效率的评价方法模型，使用Maxdea软件，分别运算求解，具体评价结果见表4-3。

表4-3　东北地区人力资源存量配置效率情况（2008—2013年）

序号	名称	效率值	排名
1	辽宁省（2008）	0.964772	8
2	辽宁省（2009）	0.961294	9
3	辽宁省（2010）	1	1
4	辽宁省（2011）	0.997331	7
5	辽宁省（2012）	1	1
6	辽宁省（2013）	1	1
7	吉林省（2008）	0.801669	18
8	吉林省（2009）	0.817577	17
9	吉林省（2010）	0.863948	14
10	吉林省（2011）	0.913623	11
11	吉林省（2012）	1	1
12	吉林省（2013）	0.923125	10
13	黑龙江省（2008）	0.829151	16
14	黑龙江省（2009）	0.831839	15
15	黑龙江省（2010）	0.865576	13
16	黑龙江省（2011）	0.889861	12
17	黑龙江省（2012）	1	1
18	黑龙江省（2013）	1	1

通过表4-3可以看出，辽宁省在2010年、2012年和2013年DEA得分都是1，在2008年、2009年和2011年DEA得分都很接近1，该结果说明在近六年的时间里，辽宁省的人力资源配置效率是非常高的，而且最低数据出现在前两年，说明辽宁省的人力资源配置效率逐年上升，发展趋势向好。2008—2013年，吉林省的DEA得分仅2012年为1，其余年份均在0.8—0.9的区间浮动，说明吉林省的人力资源配置效率低于辽宁省。然而，吉林省前三年DEA得分低于后三年得分，说明吉林省人力资源配置效率总体趋势是逐渐提高的，其中，在2012年达到了最高值1，在2013年有所回落。2008—2013年，黑龙江省前四年的DEA得分在0.8—0.9的区间浮动，后两年的DEA得分为1，六年里的DEA得分逐年增加，呈现出单调上升趋势，说明黑龙江省的人力资源配置效率虽然起点低于辽宁省，但上升趋势明显，而且保持了配置效率提升的趋势，尤其是在最后两年DEA得分均为1。

通过计算年均DEA得出，辽宁省年均得分为0.987233，吉林省年均得分为0.886657，黑龙江省年均得分为0.902738。其中，辽宁省最高，且得分遥遥领先，吉林省和黑龙江省得分相当，黑龙江省略高于吉林省，且黑龙江省发展趋势好于吉林省。

东北地区基于经济增长的各种类型人力资源存量配置效率DEA得分更为直观的情况见图4-1。

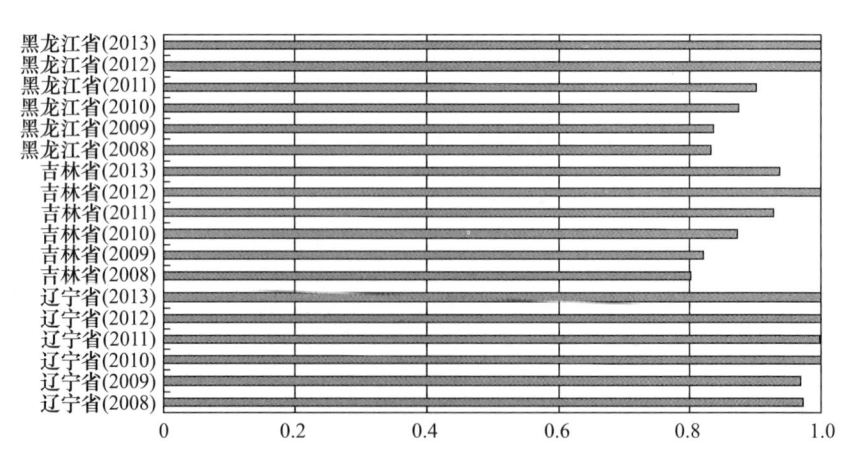

图4-1 东北地区2008—2013年人力资源存量配置效率DEA得分排名情况

第二节 东北地区人力资源配置总体效率区域比较

本节将采用 DEA 模型对我国东北地区和其他三大地区不同类型的人力资源存量配置效率（投入产出效率）情况进行综合分析。

一 人力资源配置效率区域比较的数据选取

下面采用前文中同样的投入产出指标体系对我国东部地区、中部地区、西部地区和东北地区 2008—2013 年各类型人力资源存量配置效率进行计量分析，以发现东北地区与我国其他地区相比的效率优劣情况。首先，选取各地区 2008—2013 年人力资源配置的面板数据作为 DMU 决策单元，具体情况如表 4-4 所示。

表 4-4　中国四大地区人力资源配置情况（2008—2013 年）

DMU		$(I)X_1$	$(I)X_2$	$(I)X_3$	$(I)X_4$	$(I)X_5$	$(I)X_6$	$(O)Y_1$	$(O)Y_2$
东北地区	2008	18714	1248	1089	31.25	32214	64.07	28409	18223
	2009	23733	1244	1184	31.65	75097	73.38	31078	20552
	2010	30726	1246	1374	31.57	76263	76.65	37493	28216
	2011	32643	1324	1694	31.69	76763	77.81	45378	36332
	2012	41043	1355	1896	31.95	76684	79.68	50477	47421
	2013	46540	1495	2240	31.63	76894	81.77	54442	47694
西部地区	2008	35949	2754	3190	69.14	90311	149.94	60448	33353
	2009	49686	2816	3852	70.69	280053	195.47	66973	47633
	2010	61892	2898	4574	72.16	288631	207.22	81408	72877
	2011	72104	3163	5610	74.00	296651	221.15	100235	76200
	2012	89009	3351	6417	75.37	300255	237.43	113905	106991
	2013	109261	3918	7658	76.35	309077	260.07	126003	129840
中部地区	2008	36695	2647	2719	76.92	61940	154.94	64041	32560
	2009	49852	2738	3095	78.61	262433	205.44	70578	45827

续表

DMU		(I)X_1	(I)X_2	(I)X_3	(I)X_4	(I)X_5	(I)X_6	(O)Y_1	(O)Y_2
中部地区	2010	62891	2832	3647	78.83	267532	212.7	86109	72887
	2011	70824	3142	4663	80.04	273764	220.82	104474	97563
	2012	86615	3305	5311	79.86	266086	231.64	116278	132980
	2013	105740	3802	6249	79.25	273133	247.72	127306	150018
东部地区	2008	77735	5543	5933	125.14	93872	247.95	180417	248889
	2009	95548	5775	6562	127.14	298988	303.87	196674	369354
	2010	115854	6075	7809	128.76	304501	323.18	232031	545428
	2011	130263	6784	9567	129.26	307211	340.82	271355	653832
	2012	151922	7225	10778	130.39	307272	362.12	295892	856207
	2013	179098	8892	13284	130.79	315294	388.48	322259	882640

资料来源：表中数据由历年《中国统计年鉴》的数据整理计算得到。

二 人力资源配置效率区域比较的统计分析

表4-5给出了各个变量的描述性统计分析情况。

表4-5　　　　中国四大地区人力资源存量配置的描述性统计分析（2008—2013年）

指标	X_1	X_2	X_3	X_4	X_5	X_6	Y_1	Y_2
最大值	179098	8892	13284	131	315294	388	322259	882640
最小值	18714	1244	1089	31	32214	64	28409	18223
平均值	73931	3566	5016	78	208788	207	119319	198063
标准差	41938	2105	3175	35	108607	97	85965	263948

通过表4-5可以对东北地区各种类型人力资源存量配置的最大值、最小值、平均值以及标准差有一个直观的认识和了解。本章利用DEA模型中的CCR（O）方法作为我国四大地区不同类型人力资源存量配置效率的评价方法模型，使用DEA-SOLVER软件，分别运算求解24个效率评价模型（参与计算的单元数量为24），其具体情况见

表4-6。

表4-6　中国四大地区人力资源存量配置效率情况（2008—2013年）

序号	名称	效率值	排名
1	东部地区（2008）	1	1
2	东部地区（2009）	0.997462	6
3	东部地区（2010）	1	1
4	东部地区（2011）	1	1
5	东部地区（2012）	1	1
6	东部地区（2013）	1	1
7	中部地区（2008）	0.774543	19
8	中部地区（2009）	0.75539	21
9	中部地区（2010）	0.79537	17
10	中部地区（2011）	0.813694	16
11	中部地区（2012）	0.859074	12
12	中部地区（2013）	0.817601	15
13	西部地区（2008）	0.629682	23
14	西部地区（2009）	0.603829	24
15	西部地区（2010）	0.68592	22
16	西部地区（2011）	0.773793	20
17	西部地区（2012）	0.82999	14
18	西部地区（2013）	0.785274	18
19	东北地区（2008）	0.857877	13
20	东北地区（2009）	0.863174	11
21	东北地区（2010）	0.900964	9
22	东北地区（2011）	0.901042	8
23	东北地区（2012）	0.935035	7
24	东北地区（2013）	0.889196	10

通过表 4-6 可以看出，2008—2013 年，东部地区只有 2009 年的 DEA 得分不是 1，但极其接近 1，其他年份的 DEA 得分都是 1，该数据说明东部地区的人力资源配置效率是各个地区中最高的，且遥遥领先于其他地区，其六年得分是所有得分中的前六名，没有任何地区的任何年份与东部地区人力资源配置效率具有可比性。2008—2013 年，中部地区前三年的 DEA 得分均为 0.7 以上，后三年的 DEA 得分均在 0.8 以上，其数值处于中等水平，整体呈上升态势。2008—2013 年，西部地区前三年的 DEA 得分均在 0.6 以上，小于 0.7，从 2011 年开始超过 0.7，2012 年超过 0.8，2013 年有所回落，西部地区无论是总体得分还是年度得分均为四个地区中的最低水平，说明西部地区人力资源配置效率相对较低。2008—2013 年，东北地区的 DEA 得分在 0.9 上下浮动，整体上呈逐年上升趋势，说明东北地区人力资源配置效率低于东部地区，高于中部地区和西部地区。

通过计算各个地区年均 DEA 得出，东部地区年均得分最高，为 0.999577；其次为东北地区，年均得分为 0.891215；然后是中部地区，年均得分为 0.802612；最后为西部地区，得分为 0.718081。从上述数据分析结果可以看出，相对于中部地区和西部地区而言，东部地区和东北地区的人力资源存量配置效率相对高，中部地区和西部地区的人力资源配置效率与其他两大地区相比存在着一定的差距，中部地区和西部地区相应的人力资源存量配置及利用效率有待于进一步完善和提高，这与我国人力资源配置的空间格局基本相一致，东部地区由于经济发达程度远远领先于其他地区，导致我国人才大量向东部地区集聚，而且这种趋势一直没有停止，借助于东部地区形成的城市群和都市圈，规模经济效应和技术外溢效应非常明显，先进的产业组织体系形成了要素快速流动的网络，人力资源的调整与配置速度非常快，新就业岗位会迅速地被各种优秀人才填补，人力资源配置的效率最高。相比而言，东北地区的区域条件尚可，南为"辽老大"，北部的吉林和黑龙江两省不仅作为农业基地，而且也是多个重大工业项目的落脚地，加之各高等学校和科研院所的落户，使本地人才培育具有一定的基础，人力资源配置效率要高于中西部地区，中西部地区人力资源配置效率明显落后的根本原因,在于中西部地区的人力资源流失问题严重,省会城市的人力资源市场较为发达,但是,大量的中等以及落后的城市无法形成劳动力的调整与配置的平台,人力资源的培育缺乏高等学校和科研机构的支撑,而人力资源的利用又缺乏产业的支持。我国四大地区基于经济增长的人力资源存量配置效率得分更为直观的情况对比见图4-2。

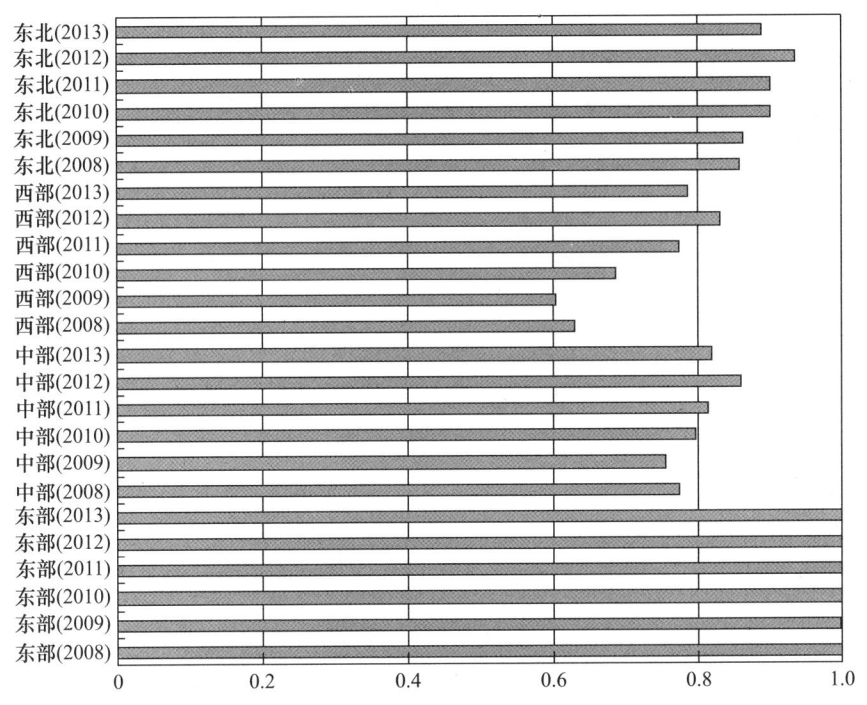

图4-2 中国四大地区人力资源存量配置效率得分排名情况(2008—2013年)

第三节 东北地区人力资源配置经济影响区域比较

一个国家或地区在第一、第二、第三产业配置劳动力资源的数量和比例，不仅反映了其经济发展水平，也在一定程度上反映了其区域内产业结构升级与调整的合理程度。① 考虑到数据的可得性和统计口径的一致性，本书选取了2010—2012年各地区分产业就业人数和产值进行比较分析。

一 人力资源配置对产业结构影响区域比较

通过表4-7可以看出我国四大地区的人力资源数量情况。东部地区第一产业的就业人数从2010年的7510万人增加到2012年的7572万人，平均每年增加就业人数31万人；中部地区在第一产业的就业人数从2010年的8549万人增加到2012年的8955万人，平均每年增加就业人数203万人；西部地区在第一产业的就业人数从2010年的10149万人减少到2012年的10041万人，平均每年减少就业人数54万人；东北地区在第一产业的就业人数从2010年的2070万人增加到2012年的2090万人，平均每年增加就业人数10万人。

根据表4-7中的数据可以计算出东部地区第一产业2010—2012年就业的平均人数为7589.3万人，平均产值为16617亿元，东部地区第一产业人力资源配置产出水平为2.19亿元/万人；中部地区第一产业2010—2012年就业的平均人数为8324.3万人，平均产值为12712.7亿元，中部地区第一产业人力资源配置产出水平为1.53亿元/万人；西部地区第一产业2010—2012年就业的平均人数为10152万人，平均产值为12601亿元，西部地区第一产业人力资源配置产出水平为1.24亿元/万人；东北地区第一产业2010—2012年就业的平均人数为2083.6万人，平均产值为4853.43亿元，东北地区第一产业人力资源配置产出水平（劳动力产出水平）为2.33亿元/万人。

从表4-7中的数据不难看出，我国四大地区人力资源在第一产业的配置效率最高的是东北地区，其数值为2.33亿元/万人；其次为东部地区，其数值为2.19亿元/万人；再次为中部地区，其数值为

---

① 朱承亮：《中国经济增长效率及其影响因素的实证研究：1985—2007年》，《数量经济与技术经济研究》2009年第9期。

1.53亿元/万人，区域内人力资源在第一产业的配置效率最差的是西部地区，其数值仅为1.24亿元/万人。我国四大地区在第一产业平均人力资源配置产出水平的具体对比情况如图4-3所示。

表4-7　　　　中国四大地区第一产业就业人数和
产值变化情况（2010—2012年）　　单位：万人、亿元

年份	东部地区		中部地区		西部地区		东北地区	
	人数	产值	人数	产值	人数	产值	人数	产值
2010	7510	14627	8549	11221	10149	10700	2070	3985
2011	7686	16885	7469	12897	10266	12771	2091	4895
2012	7572	18340	8955	14020	10041	14333	2090	5682

注：表中数据来源为《中国统计年鉴》和我国各省统计年鉴。考虑到数据的可得性和统计口径的一致性，本书选取2010—2012年各地区分产业就业人数和产值进行比较分析。

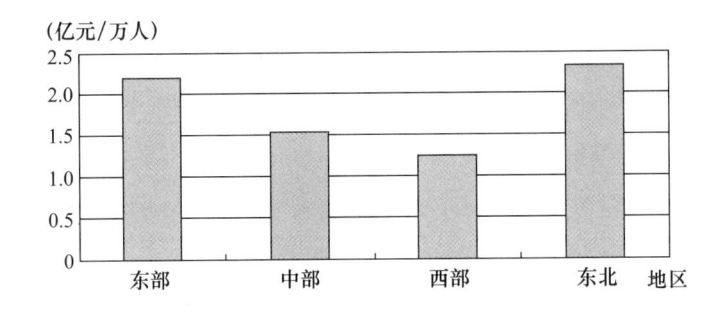

图4-3　中国四大地区第一产业平均人力资源配置
效率情况（2010—2012年）

根据表4-8中的数据，可以计算出东部地区第二产业2010—2012年就业的平均人数为11611万人，平均产值为129581.7亿元，东部地区第二产业人力资源配置产出水平为11.16亿元/万人；中部地区第二产业2010—2012年就业的平均人数为5881万人，平均产值为54173.7亿元，中部地区第二产业人力资源配置产出水平为9.21亿元/万人；西部地区第二产业2010—2012年就业的平均人数为4142

万人，平均产值为 49612.3 亿元，西部地区第二产业人力资源配置产出水平为 11.98 亿元/万人；东北地区第二产业 2010—2012 年就业的平均人数为 1301.55 万人，平均产值为 22959.73 亿元，东北地区第二产业人力资源配置产出水平（劳动力产出水平）为 17.64 亿元/万人。从上述数据不难看出，我国四大地区人力资源在第二产业的配置效率最高的是东北地区，其数值为 17.64 亿元/万人；其次为西部地区，其数值为 11.98 亿元/万人；再次为东部地区，其数值为 11.16 亿元/万人；区域内人力资源在第二产业的配置效率最差的是中部地区，其数值为 9.21 亿元/万人。

表4-8　　　　　中国四大地区第二产业就业人数和
　　　　　　　产值变化情况（2010—2012 年）　　单位：万人、亿元

年份	东部地区		中部地区		西部地区		东北地区	
	人数	产值	人数	产值	人数	产值	人数	产值
2010	10882	114553	5778	45130	4199	40694	1279	19508
2011	11843	132743	5826	55940	4341	51039	1299	23726
2012	12108	141449	6039	61451	3886	57104	1327	25645

资料来源：表中数据来源为《中国统计年鉴》和我国各省统计年鉴。

根据 4-9 中的数据，可以计算出东部地区第三产业 2010—2012 年就业的平均人数为 11158 万人，平均产值为 120228 亿元，东部地区第三产业人力资源配置产出水平为 10.76 亿元/万人；中部地区第三产业 2010—2012 年就业的平均人数为 6338 万人，平均产值为 35400 亿元，中部地区第三产业人力资源配置产出水平为 5.59 亿元/万人；西部地区第三产业 2010—2012 年就业的平均人数为 6362 万人，平均产值为 36302 亿元，西部地区第三产业人力资源配置产出水平为 5.71 亿元/万人；东北地区第三产业 2010—2012 年就业的平均人数为 2297.89 万人，平均产值为 16636.3 亿元，东北地区第三产业人力资源配置产出水平（劳动力产出水平）为 7.24 亿元/万人。从上述数据不难看出，我国四大地区人力资源在第三产业的配置效率最高

的是东部地区，其数值为 10.76 亿元/万人；其次为东北地区，其数值为 7.24 亿元/万人；再次为西部地区，其数值为 5.71 亿元/万人；区域内人力资源在第三产业的配置效率最差的是中部地区，其数值仅为 5.59 亿元/万人；东北地区在第三产业的人力资源配置效率虽然高于中部地区和西部地区，但其和东部地区相比仍然存在一定的差距，有待于进一步提高其第三产业人力资源的利用和配置效率。

表 4—9　　中国四大地区第三产业就业人数和产值变化情况（2010—2012 年）　　单位：万人、亿元

年份	东部地区		中部地区		西部地区		东北地区	
	人数	产值	人数	产值	人数	产值	人数	产值
2010	10942	102853	6658	29757	6942	30013	2213	14001
2011	11077	121727	6071	35636	5946	36425	2291	16757
2012	11455	136104	6286	40807	6198	42468	2391	19151

资料来源：表中数据来源为《中国统计年鉴》和我国各省统计年鉴。

二　人力资源配置对经济增长影响区域比较

经济增长可以用多种不同的指标来衡量，包括国民收入的增加、劳动生产水平的提高和地区生产总值的提升等。[①] 本书出于数据的可得性和代表性以及本书研究需要等方面的考虑，又鉴于地区生产总值（GDP）是反映一个特定地区经济发展水平的最常用和最具代表性的指标，因此，本书对经济增长做出了如下概念界定：所谓经济增长，是指一个国家或地区 GDP 相对于上一年的增加量。

本部分针对这些不同地区各种类型的人力资源存量差距的对比分析、其对经济增长的影响是否显著以及这种影响程度方向和强弱如何等问题尚没有明确的研究结论，本书将致力于对上述问题进行研究与分析，以期为后续相关学者的研究提供一定的借鉴和参考。

---

① 宋家乐：《中国人力资本及其分布同经济增长的关系研究》，《中国软科学》2011 年第 5 期。

(一) 研究假设

国内外大部分学者都以新经济增长理论和内生经济增长理论等为基础,利用相关的实证分析模型、面板数据或时间序列数据对人力资源配置与经济增长问题进行了系统的理论与实证分析①,在该分析过程中,一些学者侧重于分析区域人力资源配置、技术水平对劳动生产率的影响②,另一些学者着重研究人力资源存量与区域内教育经费支出和经济增长的关系③,还有学者重点考察了人力资源及其配置结构对地区经济发展的影响④,也有一些学者分析了区域内健康人力资源对其经济增长的影响等。⑤ 总体来说,上述研究成果为后续学者对与人力资源和经济增长等相关问题的进一步研究提供了一定的参考,在大量梳理和总结已有研究成果的基础上,笔者提出了本书关于人力资源对经济增长影响的研究假设。具体情况如下:

1. 区域内教育人力资源配置对地区经济增长的影响

一个国家或地区对教育持续的重视与投入,不仅可以提升该国家或地区的人力资源存量水平,而且也会对其地区经济稳定增长起到积极的促进作用。⑥ 亚当·斯密指出,政府、企业和劳动者对教育方面的投入有可能在未来会产生较高的收益,劳动者在接受合理的培训与教育之后,可以更好地提升其劳动产出水平,创造更高的价值。米尔指出,花费在学习相关知识和技能上的投入应该被看作是生产性的,总体来说,有利于生产效率的提升。马歇尔也认为,劳动者很难全部承担相关教育与培训的支出,因此,区域内相关职能机构和企业要承担起对劳动者进行教育与培训的责任,这种做法会使区域内经济产生

---

① 高远东、花拥军:《异质型人力资本对经济增长作用的空间计量实证分析》,《经济科学》2012年第1期。

② 孙淑军:《物质资本、人力资本投资对产出水平及经济增长的影响》,《西安工业大学学报》2012年第1期。

③ 姚先国、张海峰:《教育、人力资本与地区经济差异》,《经济研究》2008年第5期。

④ 沈利生、朱运法:《人力资本与经济增长分析》,中国社会科学出版社1999年版。

⑤ 王金营:《人力资本与经济增长——理论与实证》,中国财政经济出版社2001年版。

⑥ 闫淑敏、秦江萍:《人力资本对西部经济增长的贡献分析》,《数量经济与技术经济研究》2002年第11期。

一种良性的循环。基于上述分析,本书提出如下假设:

H4-1:区域内教育经费支出对地区经济增长起到积极的推动作用。

H4-2:区域内普通高等学校和中等职业学校教职工数量的增加有利于经济的进一步增长。

2. 区域内科技人力资源配置对地区经济增长的影响

国内外众多学者在对经济增长问题的研究中都将技术进步看作保持地区经济持续增长的重要因素。熊彼特认为,技术进步使较低技术含量的服务或产品被较高技术含量的服务或产品所取代,这种技术进步恰恰是地区经济增长的核心推动力。索洛和斯旺在著名的索洛—斯旺经济模型中指出,物质资本、劳动力与技术进步是地区经济持续增长的三大主要因素。德尼森通过实证分析指出,美国经济增长的60%以上都来自科技与教育等方面的进步。罗默和卢卡斯认为,知识积累和技术进步属于内生变量的范畴,对地区经济增长起着不可替代的重要作用。基于上述分析,并考虑到数据的可得性、数据长度以及代表性等问题,本书提出如下假设:

H4-3:区域内专利申请授权数的增加对地区经济增长起到了积极的促进作用。

3. 区域内健康人力资源配置对地区经济增长的影响

健康投资是地区人力资源配置的重要组成因素。区域内医疗卫生和保健条件的改善,可以提高该地区居民的平均寿命,提高疾病的治愈率,降低疾病的发生率,改善劳动者的精力和体力,进而能够扩大区域内劳动者的总体劳动产出水平。所以,在区域内个体人力资源数量不变的前提下,良好的卫生、保健环境不仅能够吸引更多的人力资源投入,而且还能够在一定程度上保障和提升区域内劳动者的劳动产出水平,对促进地区经济增长起到一定程度的推动和保障作用。最近几十年来,国内外学者开始重视区域内健康人力资源配置对地区经济增长的促进作用。他们认为,在人力资源配置的构成要素中,区域内健康资源的存量和增量在一定程度上制约着劳动力的劳动产出水平,进而对地区经济增长产生一定影响。基于上述分析,本书提出如下假设：

H4-4：区域内医疗机构数量的增加对地区经济增长起到了一定的推动作用。

H4-5：区域内医疗人员数量的增加对地区经济增长起到了积极的促进作用。

（二）变量选取与数据来源

本书研究所需的变量指标主要有经济发展指标、资本投入指标和人力资源配置存量指标。因为国内生产总值（GDP）是反映地区经济水平的最常用和最具代表性的指标，所以，笔者选择本年度GDP的值作为衡量该地区经济发展的变量指标。由于我国各个地区的流动资本投入情况很难查到确切的相关数据，因此，本章选择固定资产投入量作为衡量资本投入的变量指标。人力资源存量配置是一个国家或一个地区、社会所拥有的人力资源数量和质量综合水平的体现，该指标是一个综合指标，考虑到数据的长度和可获得性，以及统计口径的一致性，并结合研究的实际需要，本书采用地区城镇单位就业人口数量、教育经费支出、普通高等学校教职员工数量、中等专业学校教职工数量、专利申请授权数、医疗卫生机构数量和医疗卫生人员数量这6个变量作为衡量我国四大地区人力资源综合存量配置的变量指标，数据长度选取的面板数据为2000—2012年的相关指标数据，数据来源于2001—2013年《中国统计年鉴》和各省历年统计年鉴，具体的变量指标有：Y代表地区生产总值，K代表地区固定资产投入总额，L_1代表城镇单位就业人口数量，L_2代表教育经费支出总额，L_3代表普通高等学校教职工数量与中等职业学校教职工数量之和，L_4代表专利申请授权数，L_5代表医疗卫生机构数量，L_6代表医疗卫生人员数量。本书所选变量的具体情况见表4-10。

表4-10　　　　　　　　所选变量的具体情况

变量名称	符号	定义
经济增长	Y	地区生产总值
固定资产	K	地区固定资产投入总额

续表

变量名称	符号	定义
个体人力资源	L_1	城镇单位就业人口数量
地区教育人力资源配置	L_2	教育经费支出总额
	L_3	普通高等学校教职工数量与中等职业学校教职工数量之和
地区科技人力资源配置	L_4	专利申请授权数
地区健康人力资源配置	L_5	医疗卫生机构数量
	L_6	医疗卫生人员数量

(三) 模型设定

通过前文的讨论使我们对人力资源配置与地区经济增长问题有了一定的了解和把握,但是,区域内不同地区各种类型的人力资源存量差距的对比分析、其对地区经济增长的影响是否显著以及这种影响程度方向和强弱如何等问题尚没有明确的研究结论,为了回答这些问题,本书依据柯布—道格拉斯生产函数(进行变量指标的自然对数变换可以消除面板数据和时间序列数据中存在的异方差,可以使分析结果更为合理、有效)、变量自身特性和本书的相关假设建立如下模型:

$$\ln Y_t = \alpha_0 + \alpha_1 \ln K_t + \beta_1 \ln L_{1t} + \beta_2 \ln L_{2t} + \beta_3 \ln L_{3t} + \beta_4 \ln L_{4t} + \beta_5 \ln L_{5t} + \beta_6 \ln L_{6t} + \varepsilon_t$$

式中,Y_t 为第 t 年的地区生产总值(模型中其他变量的解释以此类推),K 代表地区固定资产投入总额;L_1 代表城镇单位就业人口数量;L_2 代表教育经费支出总额;L_3 代表普通高等学校教职工数量与中等职业学校教职工数量之和;L_4 代表专利申请授权数;L_5 代表医疗卫生机构数量;L_6 代表医疗卫生人员数量;t 代表具体的年份;α_0 为截距项;α_1、β_1—β_4 为回归系数(代表不同投入要素对因变量的影响程度和方向);ε_t 为随机误差项。

(四) 数据的描述性统计分析

为了对我国四大地区经济增长、固定资产投资和各种类型的人力资源配置存量等基本情况有一个直观的了解,本书对我国四大地区的地区生产总值、固定资产投入总额、城镇单位就业人口数量、教育经费支出总额、普通高等学校教职工数量与中等职业学校教职工数量之和专利申请授权数、医疗卫生机构数量和医疗卫生人员数量做了描述性统计分析，其具体结果见表4-11。

表4-11　中国四大地区平均人力资源配置与经济增长情况

变量	东部地区	中部地区	西部地区	东北地区
地区生产总值	23527	14716	7049	12856
地区固定资产投入总额	11426	10229	5144	9791
城镇单位就业人口数量	628	489	250	428
教育经费支出总额	813	648	394	482
普通高等学校和中等职业学校教职工数量之和	12.81	13.14	6.02	10.54
专利申请授权数	53474	12727	5618	10050
医疗卫生机构数量	26237	37725	20932	22468
医疗卫生人员数量	31.56	34.18	16.85	24.77

注：表中各变量数据从《中国统计年鉴》（2009—2013）中收集、整理和计算得到。其中：地区生产总值、固定资产投入总额和教育经费支出总额的单位为"亿元"，城镇单位就业人口数量、普通高等学校教职工数量与中等职业学校教职工数量之和及医疗卫生人员数量的单位为"万人"，专利申请授权数的单位为"件"，医疗卫生机构数量的单位为"个"。

通过表4-11可以看出，我国东部地区的经济发展情况是最好的，其地区生产总值为23527亿元；中部地区和东北地区次之，西部地区省均地区生产总值排在最后，为7049亿元；在固定资产投资方面，东部地区、中部地区和东北地区差距不是很大，均为10000亿元左右，西部地区与其他三大地区差距较大，仅为5144亿元。在区域教育人力资源配置方面，教育经费支出总额最高的是东部地区，其数值为813亿元；西部地区排在第四位，其数值为394亿元。在教育经费的支出总额上与东部地区差距较大；普通高等学校教职工数量与中等职业学校教职员工数量之和最高的是中部地区，其数值为13.14万人；东部地区紧随其后，东北地区次之；西部地区排名最后。在区域科技人力资源配置方面，专利申请授权数最高的是东部地区，其数值为53474件，东部地区近五年平均专利申请授权数比其他三大地区专利申请授权数的总和还要多，以上数据足以反映出东部地区雄厚的科研基础以及对研发投入的重视程度；在区域健康人力资源配置方面，医疗卫生机构数量最多的是中部地区，其数值为37725个，东部地区、西部地区和东北地区在医疗卫生机构数量方面的配置没有拉开很大的差距。同时，医疗卫生人员数量最多的也是中部地区，其数值为34.18万人，西部地区医疗卫生人员数量最少，其数值为16.85万人。从上述情况不难看出，在各种资源配置的绝对数量上，东部地区和中部地区优势明显，东北地区次之，西部地区的各种资源配置数量与东部地区存在着较大的差距，有待于进一步完善，我国四大地区经济增长差距的具体情况见图4-4。

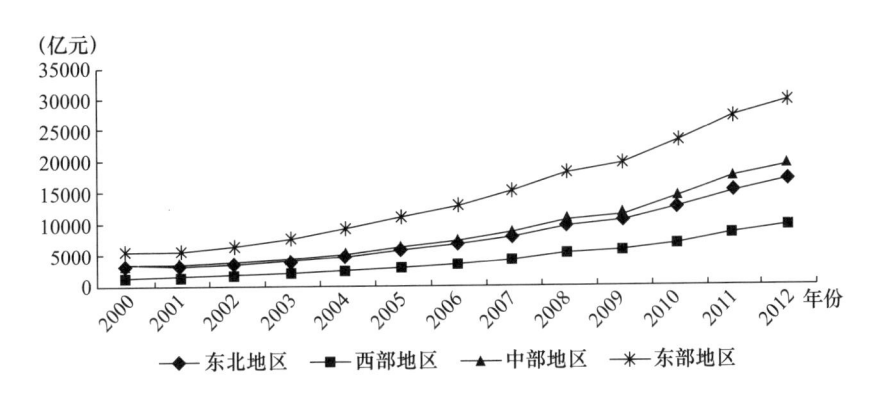

图4-4 中国四大地区历年平均经济增长变化情况

（五）实证分析

根据之前的模型设计，本书采用SPSS 19.0软件，选择基于2000—2012年的相关时间序列数据，对我国四大地区不同类型的人力资源存量、固定资产投资与经济增长间的关系进行了多元线性回归分析，具体结果见表4-12和表4-13。

通过表4-12可以看出，我国四大地区的回归方程中F值分别为908.96、1158.34、1234.37和1480.74，且其P值均小于0.01，因此基于东北地区、西部地区、中部地区和东部地区总体数据的 4 个回归方程在统计上有意义，可以进行后续的实证分析。

表 4-12　　　　　　　　　　模型基本情况

地区	平方和	自由度	F 值	P 值
东北	3.815	7	908.96	0.000
西部	5.167	7	1158.34	0.000
中部	4.503	7	1234.37	0.000
东部	4.344	7	1480.74	0.000

注：①预测变量：（常量）医疗卫生人员数量、普通高等学校教职工数量与中等职业学校教职工数量之和医疗卫生机构数量、教育经费支出总额、城镇单位就业人口数量、专利申请授权数、固定资产投入总额。②因变量：地区生产总值。

通过表 4-13 可以看出，对于本章构建的 4 个多元线性回归模型，其值均大于 0.99，该情况说明这 4 个回归模型拟合优度很高，模型中所选取的自变量在很大程度上可以解释因变量。

表 4-13　　　　　　　　　　回归分析结果

变量	东北地区	西部地区	中部地区	东部地区
常数项	2.158 (1.990)	1.864 (1.940)	2.355** (2.780)	2.507** (2.875)
固定资产投入总额	0.322*** (3.14)	0.417 (1.730)	0.248* (2.085)	0.711* (2.495)
城镇单位 就业人口数量	0.176 (0.315)	0.155 (1.113)	0.118 (1.117)	-0.105 (-0.581)
教育经费支出总额	0.290 (1.815)	0.265 (1.275)	0.268 (1.842)	0.159 (1.385)
普通高等学校教职工数量与中等职业学校教职工数量之和	-0.025 (-0.177)	0.129 (0.753)	0.210 (1.854)	0.028 (0.116)
专利申请授权数	0.216 (1.899)	0.008 (0.056)	0.164* (2.172)	-0.077 (-0.454)
医疗卫生机构数量	-0.014 (-0.149)	-0.208* (-2.454)	-0.111 (-1.816)	-0.158** (-2.864)

续表

变量	东北地区	西部地区	中部地区	东部地区
医疗卫生人员数量	-0.060 (-0.12)	0.627 (1.670)	0.329 (0.969)	0.679* (2.115)
R^2	0.998	0.999	0.999	0.998

注：括号内数字为 T 统计值，***、**、* 分别代表变量系数在 1%、5% 和 10% 的显著性水平下显著。

对于东北地区来讲，在 1% 的显著性水平下，固定资产投入总额显著地表现出对地区经济增长的正向影响；在略高于 10% 的显著性水平下，教育经费支出总额和专利申请授权数均显著地表现出对地区经济增长的正向影响，假设 H4-1 和假设 H4-3 部分得证。

对于西部地区来讲，在 10% 的显著性水平下，构成人力资源配置存量各种要素均未表现出对地区经济增长的正向影响，这种情况的发生在一定程度上说明西部地区的人力资源配置效率有待于进一步优化和调整。

对于中部地区来讲，在 10% 的显著性水平下，固定资产投入总额和专利申请授权数均显著地表现出对地区经济增长的正向影响，假设 H4-3 得证。在略高于 10% 的显著性水平下，教育经费支出总额和普通高等学校和中等学校教职员工数量之和均显著地表现出对地区经济增长的正向影响，假设 H4-1 和假设 H4-2 部分得证。医疗卫生人员数量和医疗卫生机构数量并未对经济增长表现出显著影响。

对于东部地区来讲，在 10% 的显著性水平下，固定资产投入总额和医疗卫生人员数量均显著地表现出对地区经济增长的正向影响，假设 H4-5 得证。在 5% 的显著性水平下，医疗卫生机构数量显著地表现出对地区经济增长的负向影响，这种情况的发生在一定程度上说明单纯靠增加医疗卫生机构数量并不能显著地推动地区经济的持续增长。

第四节 东北地区人力资源配置区域比较问题归纳

通过区域比较分析，本书发现，与其他区域相比，东北地区的人力资源配置存在很多问题：一是人力资源缺乏，且流失严重；二是人力资源质量不高，结构不合理，区域结构失衡；三是人力资源配置效率较低，对产业调整、经济增长的贡献率不高。造成这些问题的原因在于：一是东北地区偏离经济社会发展的中心，区位吸引力不强；二是东北经济增长速度放缓，经济社会发展下滑，区域发展动力不足，成就事业的吸引力不足；三是东北属于老工业基地，传统产业对人力资源的专用性较强，对新兴产业的适应性较弱，产业的吸引力不强；四是受传统体制影响而形成的思维定式，对人力资源配置的机制不灵活，缺乏孕育人力资源、留住人力资源、成就事业的"温床"。

一 东北地区人力资源配置存在的问题

随着技术进步多元化以及人文社会科学的渗透和融合，经济社会发展对人力资源的需求程度日益增强。高新技术发展日新月异，具备综合技术、知识与能力的复合型人力资源越发紧缺。现阶段，东北地区教育体制的弊端和人力资源培养模式的落后，除历史原因之外，人力资源队伍整体的创新能力往往相对薄弱，人力资源多是继承型的，创新型的人力资源较为匮乏。

（一）人力资源缺乏，且流失严重

东北地区，高等院校、科研院所较多，人力资源总量及平均密度均高于同期全国的平均水平。技术人员比例较高，已经建立了众多与石油、化工、煤炭、钢铁等产业相关的专业及研发机构，近年来，为东北地区建设培养和输送了大量的人才。但是，高层次的农业技术人才、工程技术人员、技术创新与开发人才、经营管理以及从事国际金融、贸易、法律等的高级人才比较紧缺；从专业构成上看，从事传统产业的多，从事信息服务和边缘学科的人力资源少，尤其是高技能人力资源严重不足。东北地区，除缺乏高技能人力资源外，还严重缺乏企业家人力资本。由于长期受计划经济的制约，东北地区真正意义上的企业家非常少。长期以来，国有企业的企业家带有更多的行政色彩，其经验和能力往往是一种政绩上的表现，缺少市场运营与管理的实践经验。我国江浙地区的发展经验已经证实，民营、私营和外资等性质的企业家，才是区域经济高速发展的领军人物。由于缺少高层次人力资源，企业家人力资本严重不足，缺乏足够的企业家人力资本去引导东北地区已经具有的较高存量的专业人力资本。在东北地区的国有企业中，企业管理者的综合知识和能力并不高。国有企业的领导者主要通过行政任命的方式产生，导致企业管理者的目标往往偏离企业发展的总体目标，所以，管理者往往缺乏应有的宏观战略管理能力和创新开拓精神。由此可见，东北地区人力资本结构与社会经济结构之间存在较大的落差，人才需求与供给之间存在各种不对称和不协调因素。

同时，人力资源，尤其是"科技型"和"管理型"等高层次人力资源外流现象严重，并且外流速度还在逐渐加快。虽然东北地区的人力资源总量高于全国平均水平，但是，人力资本外溢现象严重，人力资源流动长期呈逆差状态。改革开放后的20多年，黑龙江省人力资源流失达20万人，占现有专业技术人力资源的1/6。东北籍40岁以下有高级职称的人力资源有58%在异乡供职。高层次人力资源外流，特别是中青年专业技术骨干人力资源外流十分严重。

（二）人力资源质量结构不合理，区域结构失衡

第一，从层次结构来看，东北地区普通人力资源多，在全国处于领先水平，但高、精、尖人力资源少。辽宁省的高级专业技术人员、中级专业技术人员和高级技工在职工总数中所占的比重偏低，高、中级专业技术人员中，工程技术类和经营管理类人力资源所占比重更是不足5%。吉林省的高学历、高职称的人力资源少，企业家资源短缺，高级管理人力资源短缺，高技能、实用型人力资源短缺。吉林省具有高级职称的人员仅占6.35%，具有研究生学历的人员仅占1.09%；系统地接受高等教育和掌握现代经营管理理论及有关法律法规知识的

企业管理人员不足30%，较大比重的企业经营管理者是通过非市场或非正规的渠道进入企业担任管理职务的；高级党政领导人力资源中缺少驾驭市场经济和把握市场经济规律的高级人才，高级专业管理人力资源中也缺少能够进行市场拓展和科技创新的高级人才，特别是金融信息人才、高新技术人才、熟知国际法规和国际惯例的高级人力资源严重短缺。吉林省现有技术工人中，高技能人力资源仅占7.1%，低于国内发达省份的13%比例，更低于发达国家30%的比例，因而导致高级技术工人传承困难在企业内部非常普遍。黑龙江省则是中、高级"蓝领"产业技术工人严重不足，高级研发人才、高层次创新人力资源以及具备跨国经营管理能力的企业家十分缺乏。

第二，从专业结构来看，教育的专业结构与市场结构脱轨，社会紧缺的专业人员缺口大。辽宁省的情况是，与辽宁老工业基地振兴密切相关的先进装备制造、新材料、新能源、电子信息、生物工程与制药等专业人力资源紧缺。而黑龙江人力资源比较集中在教育、卫生、经济和财会四类专业人员上，所占比例达到67%，而高新技术、管理营销等专业技术人员十分匮乏。人力资源层次结构和专业结构将限制产业结构调整的节奏和步伐。

第三，从基本技能结构来看，东北地区人力资源平均受教育年限水平虽然不低，但是，从接受职业技术教育人数的比例来看，东北地区与发达地区相比，水平还是明显偏低。所以说，东北地区人力资源的素质能力结构矛盾较为突出。

第四，从区域结构来看，人力资源区域分布不合理，失衡严重。东北地区人力资源的空间分布极不均衡，绝大多数人力资源集中在大城市。各类人力资源往往向较发达城市流动，人力资源空间不平衡性将越发严重。不发达地区的人力资源层次越低，人力资源供求矛盾更加突出，最终形成落后地区更加落后、先进地区更加先进的恶性循环。从适龄劳动力来看，东北地区有近一半的适龄劳动人口分布在农村。城市经济发展需要的劳动力资源无法得到满足，大量的闲置劳动力导致人力资源的严重浪费。

第五，从省际分布来看，省际结构矛盾较为明显。据统计，东北地区专业技术人力资源一半以上集中在辽宁省，且绝大部分集中在沈阳、大连等大中城市。辽宁省就业压力较大，而吉林省和黑龙江省高级人力资源却十分匮乏，未来的经济社会发展受到极大的制约。

（三）人力资源产业分布不合理，产业配置效率不高

第一，东北地区高层次的人力资源多集聚在政府机关、事业单位等非产业部门，产业部门拥有的人力资源不到总量的40%，而发达国家或地区的比例为80.8%。

第二，从产业分布来看，东北地区第一产业、第二产业和第三产业的劳动力比重分别为43.04%、25.31%和31.64%。从发达国家发展规律来看，由于第一产业劳动生产率的提高导致第一产业劳动力不断下降，第二、第三产业劳动力则持续增加；劳动力率先在第二产业聚集，所占比重将达到40%—50%，并且随着工业有机构成的提高、先进技术的应用和传统工业部门的淘汰等，工业劳动生产率大幅度提高，劳动力开始向第三产业转移；最后，劳动力在第三产业的比重一般达到50%以上。目前，东北地区，第一产业劳动生产率较低，还没有足够的能力使劳动力向第二、第三产业转移。

第三，人力资源的产业配置效率整体较低。东北地区的人力资源有70%以上集中在国有企业及国有控股企业以及事业单位及国家机关。其中，有很多国有企业处于停产、半停产状态，而部分人力资源也处于下岗、待业状态，短期内无法实现合理流动。生产一线缺乏高层次人力资源，高层次人力资源远离生产第一线。相比而言，浙江、广东等沿海发达省份80%—90%的人力资源集中在企业，国际上人力资源分布的衡量标准认为70%的人力资源集中在企业比较合理，东北地区的人力资源分布显然极不合理。同时，企业人力资源分布不尽合理，比如，少数垄断性部门淤积人力资源，存在"人力资源高消费"或"超前消费"现象。目前，约有20%的人力资源所从事的职业与所学知识不搭界或被无效率地使用，造成人力资源的过度浪费。

二　东北地区人力资源配置问题的成因

人力资源发挥经济效用，为地区经济发展做出贡献，需要良好的

社会环境与之配合，这些环境因素主要是指当地的自然环境、文化环境、制度环境等。如果地区软硬环境协调发展，就会为人力资本的配置与流动提供良好的空间；如果外部环境因素存在各种限制人力资源流动与配置的障碍，人力资本的经济效用就很难发挥。

（一）环境因素影响，区域发展缺乏良好预期

第一，从自然环境来看，东北地区的自然环境包括东北地区的资源储备、自然环境以及气候条件。东北地区的资源储备比较丰富，比如煤炭资源、石油资源、钢铁资源、木材资源等。但是，随着自然资源的逐步枯竭，很多资源型城市经济发展开始受制于自然资源，后续产业未能形成对传统产业的接续替代，长期经济增长潜力较弱。东北地区的区位条件使辽宁省具备较好的对外开放条件，但是，吉林省和黑龙江省则受制于周边地缘政治环境，很难突破条件限制来大力发展对外开放。东北地区农业科技化水平不高，对于农业科技的投入不足，而且没有建立产业化、科技化发展模式，因而只能吸收和容纳初等人力资源。

第二，从文化环境来看，东北地区特定的地理环境、历史背景以及经济发展决定了东北地区有特定的文化环境（王秋，2014）。东北地区经历了从满族文化到移民文化到殖民地文化的不同时期，可谓饱经苦难，所产生的文化根基是有很大包容性的。

第三，从市场环境来看，东北地区市场竞争和进取意识不强。东北地区是新中国成立后重点发展的工业基地，在全国经济发展中的地位一直很高，这种自负心理很难吸纳一些先进思想及先进文化，久而久之，就失去了创新性，很难适应市场经济发展的需要。地区经济发展中缺乏创新因素的推动，很难形成有发展潜力的新行业和新领域。人力资源的成长空间及氛围受到极大的抑制，高级人力资本、具有一定技术优势的中级人力资本开始不断流失。

（二）区域结构失衡，阻碍人力资源优化配置

东北地区结构失衡主要体现在经济结构失衡、城乡结构失衡、产业结构失衡和职业结构不合理四个方面，使人力资源无法达到最优配置。

第一,经济结构失衡。东北地区在各省份内部的经济结构上就存在失衡现象,同时各省份也存在一定的差距。例如,辽宁省经济发展优于吉林省和黑龙江省;辽宁省沿海的大连、丹东、营口等南部地区经济发展的优势高于辽北地区;吉林省长春和吉林地区经济发展要优于其他地区;黑龙江省的哈尔滨和大庆经济发展具有较大优势。从市场经济一般规律来看,在经济发展水平越高的地区,中高级人力资源数量和质量越高,初级人力资源更集中于经济发展水平低的地区。综观近几年的情况来看,东北地区,辽宁省的初级人力资源存量水平一直处于最低,而中级人力资源存量水平三个地区差距不大。从人力资源的总体数量和质量水平来看,辽宁省也雄踞东北地区三省首位,人力资源创新能力强。

第二,城乡结构失衡。东北地区城乡人力资源存量存在巨大的差别;这主要表现为教育发展的落后,重视学历教育而轻视职业教育,许多人在升学无望的情况下才会选择职业技术学院,导致职业教育的生源质量极差,极大地影响了当地人力资源的存量及发展潜力。现有的观念倾向于城市比较稳定的工作,农村工作岗位一定程度上会被歧视。综观近些年公务员考试的报名情况也不难看出,那些服务于广大农村和基层职位鲜有人问津,而发达城市或主要政治中心的职位却出现千人取一的比例。上述现象的成因不仅在于传统观念的束缚,还在于农村中社会保障制度缺失,对农村人力资源资本的激励与约束机制未形成,脱离农民身份成为当代年轻人不懈的追求。农业及畜牧业的科技水平不高,也缺少高科技发挥作用的平台,农村的人力资源就缺乏发挥作用的空间,导致了人力资源存量上城乡结构的失调。

第三,产业结构失衡。东北地区经济发展主要集中在农业和工业以及第三产业中科技含量不高的部门,高科技、高技术行业或者知识、信息行业发展极为缓慢。单从数量方面来看,东北地区的高科技、高技术人力资源和知识、信息产业人力资源的数量并不少,吉林大学、哈尔滨工业大学、大连理工大学等知名学府培养了大量高层次的技术人才,但是,由于东北地区的经济发展水平、产业结构和社会环境的制约,这些高级人力资源无法做出应有的贡献。那些高级人力资源多数选择到发达地区工作，因此，他们的知识和能力不能转化为东北地区的现实生产力。

第四，职业结构不合理。人力资源配置要与职业需求一致，高级人力资源应当从事创新性或综合性的工作。东北地区国有企业比较集中，经过几十年的发展，形成了保守的择业观念，在选择就业方向的时候，人们更愿意去政府机关，轻视企事业单位。即使选择到企事业单位工作，东北地区人力资源也更偏好国有企业而轻视民营企业；重视大中企业，轻视小企业；重就业轻创业。因此，在这种择业观的引导下，多数优秀的科研人员选择进入政府机关，追求稳定的工作，进而导致他们不能在区域内发挥应有的作用，导致东北地区的人力资源在配置上不能实现各尽所能，出现了高层次人力资源从事初级工作的错配现象。

（三）体制机制影响，人力资源内部流动性差

新中国成立之初，计划经济模式成为我们可以使用的、唯一的，也是最有效的经济管理模式。然而，计划经济也给我国的经济带来很多问题，尤其是进入市场经济以后，计划经济留下的后遗症也对东北地区经济和人力资源配置产生了很大影响，主要体现在以下三个方面：

第一，计划经济管理模式余痕未消。东北地区作为老工业基地，是在我国最早实行计划经济体制的地区之一，经过4—5个五年计划的实践，计划经济体制在东北地区已经根深蒂固。虽然经过20多年的市场化改革，东北地区在全国各地区市场化的指数评分和排序中表现尚可，但明显低于广东、浙江、福建、江苏、山东、上海、天津等省市。可以说是计划经济的余痕直接导致东北地区的人力资源市场发育不完善，进而影响了整个东北地区的经济发展。人事、劳动以及教育管理职能部门之间缺乏协调沟通，这就构成了行政性障碍。而且户籍制度在中国饱受诟病，同时也是影响人力资源流动性的主要原因，在东北地区也是如此。

第二，计划经济影响了人们的思维及行为模式。东北老工业基地拥有良好的"集体主义创业文化"传统，如最具代表性的大庆精神。

但是，计划经济的束缚在一定程度上扭曲了"集体主义创业文化"。党的十一届三中全会以来，东北地区存在严重的"等、靠、要"思想，缺乏企业家与冒险精神，早期形成的拓荒精神渐渐淡化。农民离不开土地，市民存在浓厚的"单位情结"，个体劳动者没有像江浙地区那样成为经济发展的主体和主力。

第三，先进的人力资源配置机制没有建立起来。整体来看，东北地区人力资源市场存在规模小、信息渠道不畅、服务手段落后等问题，无法对人力资源实现合理配置：一方面是高级人力资源的不足，另一方面却是一般人力资源的大量闲置，造成"人力资源过剩"的假象。[①] 同时，东北地区人力资源市场管理存在不规范竞争现象，例如，单位通过克扣员工档案来牵制或限制人力资源流动；个人、工作单位以及人才中介之间的诚信体系尚未形成，提高了人才流动的风险性，很多人力资源不能也不敢轻易流动，不能更好地发挥其特长，人力资源不能得到有效配置。人力资源配置不能形成经济发展的推动力，反而成为财政负担。

本章小结

本章基于人力资源的存量配置情况，从人力资源配置效率及其对产业结构调整、经济增长的影响进行了区域比较。研究结果表明，对于东北地区内部来讲，第一产业配置效率最高的是辽宁省，其数值为 2.72 亿元/万人；吉林省次之，其数值为 2.20 亿元/万人；黑龙江省排在最后，其数值为 2.09 亿元/万人。第二产业配置效率最高的是吉林省，其数值为 20.21 亿元/万人；辽宁省次之，其数值为 18.25 亿元/万人；黑龙江省为 14.80 亿元/万人。第三产业配置效率最高的是辽宁省，其数值为 7.97 亿元/万人；吉林省次之，其数值为 7.34 亿

---

① 李忠民：《人力资本：一个理论框架及其对中国一些问题的解释》，经济科学出版社 1999 年版。

元/万人；黑龙江省为6.22亿元/万人。固定资产投资仍然是拉动地区经济的重要力量，城镇单位就业人数没有显著表现出对地区产业转型和经济增长具有提升作用，单纯依靠增加劳动力数量不会带来经济的必然增长，应该采取合理的方式和方法，进一步提高区域内的人力资源配置效率水平。

在区域比较分析中，综合全部三个产业指标，东部地区人力资源配置效率是最高的，且东部地区第三产业人力资源配置效率对总效率的贡献最大，由于东北地区是粮食主产区和继承了原有的工业基础，其第一产业和第二产业人力资源效率相对较高，但是，由于产业结构不均衡，第三产业发展严重滞后，导致其三个产业数据综合计算后，人力资源配置效率被大幅度拉低。本章分析了东北地区人力资源配置中存在的主要问题，即人力资源缺乏，且流失严重；人力资源质量结构不合理，区域结构失衡；人力资源产业分布不合理，产业配置效率不高等，并从环境影响、经济结构、体制机制等方面分析了制约人力资源优化配置的原因。

第五章　东北地区优化人力资源配置机制与对策

本章借鉴国内发达地区人力资源优化配置的经验，结合东北地区存在的人力资源的净流出、配置效率不高、配置机制不完善等问题及其产生的原因，基于人力资源配置的动力要素及其组合形成的动力机制，探讨东北地区人力资源优化配置的动力要素和动力机制，并围绕东北地区人力资源配置机制的运行提出了一系列保障性的对策措施。

第一节　东北地区人力资源优化配置的影响因素与机制构建

现代经济发展表明，高质量的人力资源不仅可以替代自然资源，缓解资源短缺，而且能够深度开发和有效利用自然资源，创造出新的物质资源以弥补原有的不足。从区域发展来看，区域人力资源优化配置能形成强大的区域竞争能力，对区域经济社会可持续发展具有重要价值。尤其是在区域经济竞争从传统的资源竞争、市场竞争转化为知识竞争、技术竞争和信息竞争的过程中，区域人力资源的优化配置将发挥越来越大的作用。因此，分析影响区域人力资源优化配置的主要因素，探讨构建东北地区人力资源优化配置的动力机制和运行机制，对优化东北地区人力资源配置，推动东北地区产业结构转型和经济社会可持续发展具有重要意义。

一 东北地区人力资源优化配置的主要影响因素

一般来说,人口流动及其带来的人力资源配置变化的原因,按照发展的逻辑顺序,第一,最初动因都是基于人们对于利益的追求,包括物质利益和精神享受两个方面。第二,就是人们所追求利益的实现环境和平台,主要包括区域产业的发展基础和区域人力资源政策的引导及其给予人们的良好的发展预期,可以在这里能够获取自身利益和实现自我价值。第三,产业(或事业、岗位)和人力资源之间的相互选择,即人力资源,特别是人才资源要对能够实现自身价值的产业、行业或部门、岗位进行选择,也意味着不同产业、行业或部门、岗位要对人力资源进行优化选择,这种双向选择是一个竞争的过程,一方面有利于人力资源质量的提升;另一方面也有利于人力资源的优化配置。第四,人力资源与产业、行业、部门等结合的过程,就是人力资源的配置过程,是一个动态的、不断调整的过程,在这个过程中,人力资源与产业共同成长、发展,必然带来区域产业的发展。第五,区域产业的发展必然带来区域经济的发展,客观上又会带来区域社会、环境的发展,区域的便利性增强,从而促使区域发展向好,或经济发展的预期进一步向好。一个预期发展向好或已经展现出良好发展前景的区域,必然会吸引人力资源的集聚,尤其是优质人力资源的集聚,区域人力资源质量提升。第六,人的欲望是无限的、多样化的,动态的、不断调整的人力资源会发生新的、更高的利益追求,从而会围绕新的价值目标发生流动,实现人力资源的新一轮配置。以上过程循环往复,推动人力资源配置趋于优化,区域经济保持竞争优势,区域经济社会实现可持续发展。

(一)人的利益追求和价值实现是人口流动及其带来的人力资源配置的原始动力或最初动因

人力资源促进区域经济增长,特别是人力资源中的人力资本可以突破劳动力和资本投入边际效益递减的限制,通过知识存量的显著外部性对区域经济增长产生贡献,可以增加劳动力和资本的生产率,促进那些实现发明和创新的企业家的出现,鼓励成熟和成长性的公司集群化，并提高人口质量以替代人口数量。在市场经济条件下，人力资源促进区域经济增长的前提，是人的利益追求的满足和自身价值的实现，即市场趋利性，越是有利于人的利益实现，包括物质利益和精神享受实现的区域，越是人力资源、人才资源、人力资本集聚的区域，这就是发生"孔雀东南飞""人才沿海流""东北净流出"的原因。一方面会对区域经济发展带来影响，流入地区经济增长加速，流出地区经济增长放缓；另一方面会对区域人力资源结构和产业结构产生影响，流入地区产业升级，人力资源结构不断区域优化；而流出地区的产业萎缩、衰落，人力资源质量下降，结构趋于失衡状态。在这种状况下，为保证区域经济社会发展，就需要通过政府引导、项目注入、资金支持等手段，培育区域经济增长点，吸引人力资源流入。因此，区域发展的良好预期以及所能提供的便利性，有利于人的利益追求和价值实现，是吸引人力资源流入以及实现人力资源优化配置的基础要素。

（二）区域的产业发展基础和人力资源引导政策，是人力资源利益追求和价值实现的物质载体

人力资源只有与区域经济市场化程度相互协调、相互结合，才能促进人力资源发挥其效能。人力资源影响区域经济发展的渠道有两个层面：一是直接渠道，主要是技术变革与创新、实现发明和创新的企业家以及发明和创新的扩散；二是间接渠道，主要是经济的动态聚集和城市化所带来的溢出效应、资本集聚、降低的人口出生率以及人力资本、技术和企业家所形成的正向反馈。在这个结合的过程中，存在人力资源要素存量与区域部门、各行业对人力资源素质要求的双向对接问题。产业的形成和发展，与经济要素的相互影响是有选择性的，不同产业所需要的经济要素的质量和数量是不同的。

首先，人力资源作为产业发展的重要因素，与其他物质资源共同影响产业成长，人力资源产业的分布结构影响了区域产业结构的调整和区域主导产业的形成和发育。

其次，各种产业部门的活动和人力资源要素在产业部门间的配置状况有着内在的联系，因为各种产业的生产函数及其对人力资本等要

素的需求结构和数量不同,决定了人力资本在各产业之间的配置状况和比例关系要服从相应的配置法则。

最后,产业结构变化与劳动就业结构密切相关,产业结构变化必然引起劳动力就业结构变化,引起劳动力在不同部门间进行流动,引发就业者再培训的问题。区域产业结构向以高效益、高技术为特征的高度化方向演进是区域经济发展的目标与方向,但是,脱离区域资源禀赋特别是脱离人力资源积累现状的产业结构高度化往往会适得其反:一方面,人力资本存量的不足可能导致难以支撑产业结构的高度化;另一方面,原本具备优势的产业也会因人力资本的不足而错过发展机遇。因此,让人力资源在产业发展中受益,实现产业留住人、产业发展;在政策引导中受惠,实现政策留住人、政策优化,从而实现人力资源优化配置。

（三）区域的经济发展和便利性增强,意味着区域发展预期向好,是人力资源利益追求和价值实现的心理动机

影响区域发展预期的因素很多,包括经济发展水平、产业发展程度、居民收入状况、居民文化素质等。一方面,产业发展和升级是区域经济发展的产业基础,它为人力资源配置提供需求条件。没有产业发展的基础,就没有人力资源的集聚,产业发展为人力资源提供了利益追求和价值实现的平台,其演进升级推动区域经济发展,提高居民的生活水平,处于中等收入水平的人们越来越注重自身的文化修养与高品质的生活,客观上推动了人力资源素质的提高和结构升级。另一方面,区域经济发展进一步提高了区域的便利性和包容性。从物质层面来看,"便利性"主要包括完善的信息通信基础设施、发达的媒体平台以及媒体平台的多样化、多渠道等。从精神层面来看,"便利性"即包容性,包括宽松的创意氛围和浓郁的文化氛围。一个区域要想吸引人才,必须实现区域的"空气使人自由",可以促进区域社会网络和非正式劳动市场的形成,人力资源的创造性会在拥有浓厚"人文关怀"的氛围中,与其他生产要素结合孕育并发展起来。这样一个由经济发展带来的具有充分便利性的区域,必然对怀揣"富裕梦想"的人力资源具有强大的吸引力。

二 东北地区人力资源优化配置机制构建

本书认为，首先是区域产业推动经济社会发展，对人力资源的利益追求和价值实现具有良好的预期吸引，带动了人力资源的集聚及其结构的不断调整，推进了产业结构优化升级，进而推进了区域经济发展和便利性的增强，实现了人力资源的利益追求和价值实现；而这又会引起新一轮的人力资源集聚和调整，如此循环往复，形成良性循环发展机制（见图5-1）。

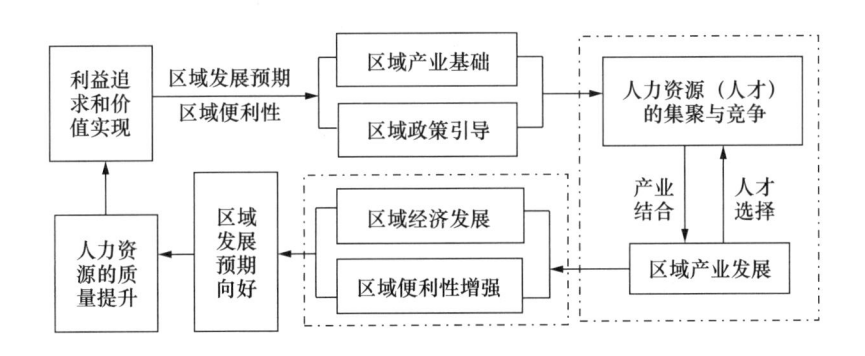

图5-1 人力资源优化配置机制示意

人的欲望是推动人类社会前进的巨大杠杆。对于东北地区而言，要摆脱人力资源净流出以及人力资源配置效率不高的现状，首先，必须努力创造一个有利于满足利益追求、发家致富、实现梦想的具有良好发展预期的环境；其次，要创造有利于人力资源集聚的产业发展平台和产业园区；再次，在市场失灵状态下，要有一系列吸引人才流入的政策措施和制度安排，包括"待遇留住人、感情拢住人、创业吸引人、投入培养人"等措施；最后，增强区域的便利性和包容性，打造一个和谐、稳定、安全、有归属感的社会环境。

（一）以满足利益追求和价值实现为核心，完善人力资源激励机制

从人力资源管理角度来看，激励的核心作用是调动员工工作的积极性，具体表现为员工对工作任务的自觉性、主动性和创造性等方

面。为实现该目标,激励机制的设计应充分体现人们的利益追求和价值实现。为此,一是要体现以人为本的原则。把尊重人力资源、理解人力资源、关心人力资源、调动人力资源的积极性放在首位。有效的激励机制必然要符合人的心理和行为的客观规律,人的需要引起动机,动机支配其行为,而行为又指向一定的目标,所以,激励机制要承认并满足人力资源的需要,激发人力资源自身的潜能,充分实现人力资源自身的价值。当行为结果对其有利时,这种行为就会反复出现。我们要充分考虑人力资源的异质性,结合地区经济发展的需要,有针对性地制定激励措施,充分尊重并容纳人力资源的个性,无论其经验丰富与否、受教育程度高与低,都要在激励机制下充分激发人力资源自身潜力,为当地经济发展发挥自身的作用。二是要坚持"三公"原则,即"公平、公正、公开"原则。要实现上述以人为本的原则,必须要有一个公平的环境,环境越公平就越能激发人力资源的能动性,因此,人力资源的使用不能单凭主观意见,而要看其能力,根据能力对人力资源进行考核,能者多劳,能者多得,凭能力坐位子。三是要坚持长期激励和短期激励、物质激励和精神激励相结合的原则。对人力资源,不仅要有短期激励,还要有长期激励;同时,要注重物质激励和精神激励相结合。①

就目前而言,要尽量提供良好的工作环境和相对有竞争力的工作待遇以尽可能多地留住本地区急需和短缺的人力资源。因为人力资源的区域配置究其实质依然是一种经济选择行为,必然会遵循经济学的成本—收益规律,因此,要进行本地区收入分配体制的创新,实现人力资源对利益的追求和价值。社会主义特色的初次分配方式是以按劳分配为主体,按劳分配和按生产要素分配相结合,多种分配方式并存的分配方式,这种初次分配制度下形成的"一致性"的工资制度,会挫伤人力资源的生产积极性,因此,要根据地区具体情况,根据人力资源市场的需求,以市场为导向,建立市场导向型的工资形成机制,

---

① 王秀丽、徐枞巍、张慧渊:《企业人力资本价值实现的所有权状态依存性研究》,《企业经济》2006 年第 4 期。

形成通过市场人力资源供给和需求两个方面的互相影响、多次作用来共同决定工资形成的机制。一般而言，通过市场形成收入体制适合用在人力资源市场中的非公共机构，非公共机构的收入形成使用集体协商工资体制，通过供给和需求两个方面，追求自己利益目的的互相约束、限制与制约，决定人力资源收入效率的生成；公共机构员工的收入常常是由各种人力资源加以对比，用"落后赶上"的形式建立起来。所以，在区域经济发展中，应完善符合各类人力资源特点的工资分配制度，按照人力资源创造价值的能力与市场供求关系决定薪资报酬；采用灵活多样的分配形式，例如，鼓励以年薪制、协议薪水、项目提成、课题提成等方式让资本、技术等要素参与分配[1]；并且根据人力资源的工作岗位和绩效大小，适当地给予补贴和奖金，以此来激励各类人力资源为区域发展充分发挥他们的聪明才智[2]，同时，实现他们对利益的追求和价值实现。

（二）以利于人力资源流动、配置为目标，完善人力资源流动机制

人力资源流动主要是指人力资源的行业配置，即不同类型的人力资源在不同行业之间以及同一行业内部不同部门之间的合理迁移与流动。通过人力资源的流动，能维持一地区组织和部门相关员工队伍的新陈代谢，促进该地区人力资源配置的有效性，也是人力资源实现自我、调整自我、完善自我、发展自我的客观要求。人力资源只有正常流动，才能实现人力资源在各行业间的有效配置，才能实现人力资源与物质资源的有效匹配。只有人力资源在不同地区之间、不同行业之间、统一行业的不同部门之间以及城市和农村之间的流动和迁移是自由的、顺畅的和无阻碍的，才能提高人力资源行业配置的效率，才能实现人力资源投入和物质资源投入之间的配置比例的"帕累托最优"状态。

---

[1] 胡静林：《人力资本与员工持股制度》，《国有资产管理》2001 年第 2 期。
[2] 王进、李萍：《人力资本参与企业剩余分配的理论探讨》，《经济问题探索》2002 年第 12 期。

第一，建立统一的劳动力市场，充分实现人力资源市场化配置。计划经济时期，人力资源是行政强制性配置，在给国家带来了沉重的就业包袱的同时，也难以做到人尽其才、才尽其用，人力资源流动性极差，许多岗位一经确定就很难变更，各地区、各部门无法按照实际需求来配置人力资源，人力资源也无法主动地选择合适的岗位，最终的结果就是人力资源浪费，生产效率低下。随着社会主义市场经济的发展，人力资源的配置模式也应发生变化，改变了原来的人力资源计划配置的方式，建立了人力资源市场配置的自愿流动型模式，即在政府宏观调控的基础上，市场要对人力资源的配置起决定性作用。建立统一的人力资源大市场，能及时反映人力资源的供求信号，各地区各部门可以按需招人，人力资源也可根据自身特点跨地区、跨部门自由流动，企业和劳动者双向选择，在充分调动人力资源的能动性的同时，解决了人力资源供需之间不平衡的矛盾，也解决了劳动者所用非所学的矛盾，使该地区的行业或部门人力资源的专业化程度越来越强，产出效率越来越高，真正促进劳动者的合理流动，实现人力资源和物质资源的有效结合，促进该地区经济增长速度加快。

第二，建立健全人力资源市场机构。人力资源市场机构是人力资源供需双方见面洽谈、进行双向选择的场所，也是最直观体现人力资源市场关系的组织形式。目前，我国人力资源市场机构还未完备，相关的法律法规尚不完善，各种中介机构和服务组织未能有效投入运作，因此，要按照国家人社部提出的"统一领导、统一制度、统一管理、统一服务标准、统一信息系统"的五个统一的指导方针，建立健全统一、开放、竞争、有序的人力资源市场体系，来实现人力资源的自由流动。

第三，完善国家对人力资源市场的宏观调控。由于市场机制的内在缺陷以及供求规律的影响，人力资源会自发地向经济条件好、收入高的地区流动，由于用人信息的不对称，又会使劳动力出现短期的盲目无序流动，人力资源的流动会越来越复杂。显然，人力资源这些不合理的配置不可能单纯依靠市场的力量自发解决，为了确保人力资源流动的有序性、高效性，必须强调政府的宏观调控，对人力资源配置方向、配置重点、配置中的结构比例等问题均应有全面周到的考虑和相应的调控措施。一是要加强立法工作，建立健全人力资源市场的法律体系。在宪法的指导下，政府应进一步完善人力资源市场的相关法律法规，如劳动法、社会保障法等，健全法规的同时，扩大其覆盖面，保护劳动者和用人单位双方的合法利益不受侵犯，完善人力资源市场的发展；通过宏观经济政策引导人力资源合理流动，调节人力资源供求，促进产业结构转换升级、区域经济协调发展。二是要整合人力资源市场的信息资源，加快劳动力市场供求信息网络建设。建立一个覆盖城乡、全国统一的信息服务平台，实行人才需求信息采集和定期发布制度，使人力资源信息成为全社会共享信息，实现人力资源各类信息共享发布和动态监测，实现人力资源优化配置，减少人力资源的供需矛盾。三是要加快人才服务机构建设，重视政府服务功能的发展。努力形成符合市场经济需要的劳动就业服务体系建设，实现人才市场企业化、信息化、产业化的发展路子，鼓励民营中外合资等形式兴办人力资源中介机构，努力形成国有、私营、中外合资、外资及股份制等多种所有制和经营形式竞争并存的格局。

（三）以提高人力资源配置效率为目的，完善人力资源的使用管理机制

第一，要优化用人环境，完善人力资源使用机制。人力资源的质量和存量决定着行业及部门经营管理水平的高低，是推动区域经济健康发展的关键问题。为此，区域各行业、部门要根据自身发展的需要，建立一个健康和谐的工作环境，吸引和留住人才。一个良好的文化氛围、舒心的工作环境，才能真正激发人力资源的能动性，让劳动者的情感与企业文化对接，从而激发人力资源的主动精神和创造潜能。优化用人环境要进一步解放思想，更新观念，将阻碍人才发展的思想障碍、制度障碍彻底消除，真正做到"以人为本"、以"人才"为本，把人力资源的个人价值和企业价值融为一体，增强企业的凝聚力，推动区域经济的发展。

第二，完善人力资源引进机制。东北地区近些年来人才流失严重，急需引进优秀人才到本地区工作，从而实现人力资源和区域技术

资源相匹配。人才的引进包括区域内部人才的引进、区域外人才的引进和国外人才的引进，这就要打破阻碍人力资源引进的体制性障碍，建立健全引进人才政策，为人才的引进提供政策指导。从 2008 年开始，国家制订了海外高层次人才引进计划，即"千人计划"，东北地区在此过程中也引进了一些高层次人才，这些人才现已成为东北地区各领域各部门的领军人才，未来东北地区人才的引进也要以高层次人才引进为重点，在提高人才质量的同时也要增加存量，在引进创新型人才的同时也要引进创业型人才，让人才在区域内合理布局。解决东北地区人才的流失问题，单靠国家引进人才的政策是远远不够的，还要广开渠道，"走出去"招聘，区域各部门、各行业要根据自身发展的需要，组成招聘专家团队，到区域外、到国外进行有针对性的招聘，同时增加对东北地区的宣传力度，利用网络和新闻媒体，扩大影响力，让国内外更多的人力资源了解东北，主动来东北开创事业。另外，还要建立相关的优惠政策来吸引优秀人才。东北地处内陆，受气候等条件的影响，没有东南沿海等发达地区那样的竞争力和吸引力，这就需要我们通过极具吸引力的政策来引进人才，建立来去自由、开放宽松的政策；对人力资源进行生活补贴，解决其配偶、子女的就业和上学问题，对区域发展所急需的紧缺人力资源，可采取"户口不迁、关系不转、来去自由"的柔性引进方式，吸引各类人力资源通过兼职、担任顾问或咨询专家等方式，从事长期工作或短期服务。

第三，加强人力资源管理的法制建设。人才市场的规范需要建立健全合理的法律法规及相关的规章制度，建立以人力资源评价、培养、激励、流动为主要内容的人力资源政策体系。[①] 健全的法制法规可以为在市场内流动的人才提供政策保障，充分发挥市场优化人力资源配置的作用。建立和完善人事争议仲裁制度，保护人力资源与用人单位的合法权益。加强对人力资源政策法规执行情况的督促检查，逐步实现人力资源管理工作制度化、规范化和法制化。

---

① 严善平：《人力资本、制度与工资差别——对大城市二元劳动力市场的实证分析》，《管理世界》2007 年第 6 期。

（四）以完善劳动保障为主要内容，健全人力资源社会保障机制

人力资源与一般的物质生产资源的区别在于人力资源具有流动性，包括人力资源的流出、流入和在组织内流动所发生的一系列变动，它影响一个组织或社会人力资源的有效配置及活力。高效的人力资源流动需要比较完善的社会保障体系来保障。社会保障体系应该是面向全社会、惠及整个劳动力市场，并支持其有效运行的一种保障制度。健全和完善社会保障体系的一个重要目的就是保证劳动力再生产的顺利进行，促进劳动力的合理流动，降低劳动力市场化流动过程中的交易成本。完善的社会保障制度有利于保障社会成员的基本生活，使人们能够分享经济社会发展的成果，同时，也需要政府提供更多的制度保障条件，加强顶层设计，统筹兼顾，优化制度结构，完善公平与效率相结合、权利与义务相结合的待遇，建立健全社会保障监督体系，推进包括商业保险在内的多层次的社保体系的建设。增强社会安全感，努力解除劳动者的后顾之忧。

（五）以市场机制作用为基础和主导，构建市场主导和政府引导相结合的运行机制

随着经济的发展，人力资源作为第一资源的重要性已经凸显，现代市场体系中，人力资源市场在配置人力资源上发挥基础和载体的作用。人力资源市场中，每个主体行为都会对资源配置产生重要影响，无论是劳动者、中介机构还是政府，都会影响资源配置的效率。而政府和市场的关系是有机统一的，不是互相否定的。西方发达国家人力资源配置实践证明，政府作为宏观经济的管理者在人力资源配置活动中，其行为对人力资源市场的发展产生深远影响。因此，构建区域人力资源配置机制，需要理顺政府与市场的关系，构建政府引导、市场主导的科学的人力资源配置运行机制。

第一，政府要明确市场性服务和公共性服务的界限，明晰政府的职能和作用的定位。政府不仅转变职能，也要转移职能，把具有竞争性的非公益性的业务要转移给社会、转移给市场；政府要购买社会服务，而不是购买社会组织；政府要多培育市场，而不是少介入市场，推进市场整合，完善公共就业和人才服务，注重制度建设、宏观引

导，强化服务意识，转变政府职能，深化人力资源市场体制机制改革。实现管办分离、政企分开，推进市场整合，完善公共就业和人才服务。科学厘定基本公共服务项目，逐步把经营性业务分离出来，实现职能分开、机构分设、人员分离、分类管理。积极探索分离转企的形式，推行产权制度改革，完善法人治理结构。

第二，发挥政府宏观调控管理职能，弥补市场不足。市场并不是万能的，存在市场失灵，存在市场调节的自发性、盲目性和滞后性。政府的作用是弥补市场失灵及其负面效应，弥补市场不足。包括设立高等学校毕业生就业服务机构、为失业和下岗职工进行职业技能鉴定服务和再就业培训服务，设立博士后科研流动站、博士后科研工作站或博士后（青年英才）创新实践基地鼓励科技创新等，实现人力资源市场持续健康发展。

第三，创造公平的市场竞争环境。政府要改进管理方式，创新公共服务提供方式，健全公共服务体系，为人力资源市场主体营造公平的发展环境，发挥市场和社会组织的作用。区域环境主要包括硬环境和软环境两个方面，"硬环境"泛指人才环境中所有有形的、实体的硬件条件，如科研机构、高等院校、高科技企业等；"软环境"则是指物质条件以外的环境，如先进的管理理念、高效的运行机制等，两个环境的完善和发展相互作用、相辅相成。政府在人力资源市场环境建设中往往"硬环境"容易效仿，"软环境"却无法"克隆"。政府要坚持以人为本，强化社会人文友好意识，切实负起组织人才环境建设的责任，充分利用不可代替的区位优势，创造人尽其才、人尽其用、人尽其职、职尽其能的社会条件。消除不利于人才成长、使用、流动、发展的体制性和机制性障碍，营造人才健康成长的"软环境"。

第二节 东北地区优化人力资源配置的经验借鉴与对策建议

东北地区人力资源配置是地区经济发展的核心内容之一，随着知识经济时代的到来,其在东北地区经济中的作用将越来越重要。通过前文的理论与实证分析的相关结论可以看出:一方面,构成人力资源存量的相关要素对东北地区经济稳定、健康增长起到了显著的促进作用;另一方面,东北地区人力资源配置中存在明显的非均衡现象,地区内人力资源对经济增长贡献程度以及人力资源配置效率都呈现出辽宁省较高、吉林省和黑龙江省偏低的现象。为避免东北地区内人力资源非均衡配置对其经济增长差距不断扩大的影响,提高东北地区人力资源配置效率,本章在借鉴长三角、珠三角和环渤海地区先进经验的基础上,提出了东北地区人力资源优化配置的对策建议。

一 发达地区优化人力资源配置的经验借鉴

(一) 长三角地区人力资源优化配置的主要做法

长三角地区[1]区位条件优越,自然禀赋优良,经济基础雄厚,体制比较完善,城镇体系完整,科教文化发达,已成为全国发展基础最好、体制环境最优、整体竞争力最强的地区之一。

其主要做法包括:

第一,重视科技人力资源的培养与引进。长三角地区具有良好的科技资源,其中,上海是我国最发达的科技、教育中心之一,江苏是我国高等学校最多、在校生规模最大的省份之一,两地均拥有一大批著名高等学校、大规模院所,科技人力资源荟萃,科研实力雄厚。21世纪初,长三角地区各城市提出了"接轨大上海,融入长三角"战略,开展了大规模的政府主导型"经济、科技、人力资源"接轨活动和多形式、多领域的市场合作,初步实现了人力资源在长三角地区内的充分交流和流动。2008年,中央出台《关于实施海外高层次人力资源引进计划的意见》(以下简称"千人计划")后,长三角地区也积极开展了海外人力资源引进计划,面向全球揽才,尤其是创新、创

---

[1] 长江三角洲地区,简称长三角地区,包括上海市以及江苏(南京、苏州、无锡、常州、镇江、南通、扬州、泰州、盐城、淮安、连云港、宿迁、徐州)、浙江(杭州、宁波、温州、嘉兴、湖州、绍兴、金华、衢州、舟山、台州、丽水)全境和安徽的合肥、马鞍山、芜湖、滁州、淮南共30个城市,面积约30万平方千米,人口超过1.7亿。

业、创优的"三创"型人力资源。而且，长三角地区依靠著名院校和大规模院所推行"产、学、研"合作，不仅吸引了大批人力资源的流入，深化了人力资源的培养，而且更好地"留才"于此，为该地区的经济发展助力。同时，长三角地区逐步弱化奖励性"留才"政策，强化创新创业平台的搭建，逐步改变了以往着眼于当前短期激励的奖励性政策，更加注重保障性、发展性的政策，逐步实现引才政策的可持续和科学化，着力衔接好"引、留、用"的各个引才环节，将引才工作的重点由数量导向逐渐向质量导向转变，实现人力资源队伍综合实力增强和国际竞争力的提升，使引进的人力资源更好地为区域经济发展服务。

第二，培育发展主导产业，打造人力资源与产业发展对接平台。2013 年，长三角地区 GDP 总量达到 97760 亿元，比上年增加 7809 亿元，年均增长 9.7%，其主导产业包括计算机与通信设备制造业、通用设备制造业以及黑色金属冶炼及压延加工业。一是打造计算机与通信设备制造业。地方政府大力支持计算机与通信设备制造业发展，形成了以上海为龙头、以江苏和浙江为两翼的产业格局，2012 年的总产值已达到 24184.88 亿元，占长三角工业总产值的 13%。二是积极发展通用设备制造业。2012 年，该产业的工业总产值达到 12839.17 亿元，占长三角工业总产值的 7.2%，固定资产净值达 2160 亿元，企业单位数达 8590 个，行业从业人员达 138.45 万人。三是发挥传统优势，积极发展黑色金属冶炼及压延加工业。2012 年，该行业的总产值达到 40180.26 亿元，占长三角工业总产值的 7.6%，固定资产净值达 3569.35 亿元，企业单位数达 2712 个，行业从业人员达 61.24 万人。

第三，大力发展民营经济。长三角地区民营经济发达，市场机制灵活，科技需求强盛，具有强大的科技创新潜力，已形成以上海为中心的大中型企业创新区、以南京与苏南为中心的高新技术产业和传统产业创新区、以杭州为中心的民营企业创新区，提升了长三角地区的科研创新能力，对建设创新型长三角起到了重要作用。同时，丰富了创业者发展平台，吸引了人力资源的流入。

(二) 珠三角地区人力资源优化配置的主要做法

珠江三角洲地区①是中国改革开放的先行地区,是中国重要的经济中心区域,在全国经济社会发展和改革开放大局中具有突出的带动作用和举足轻重的战略地位。

其主要做法包括:

第一,重视研发投入,推进产业结构转型升级。从三次产业结构来看,珠海三大产业比重由 2003 年的 4%∶48.3%∶47.7%演变为 2012 年的 2%∶46.2%∶51.7%,第三产业所占比重最大,超过 50%;从制造业发展来看,在 2000—2012 年的 12 年间,轻重工业比重从52%∶48%调整为38%∶62%,产业重型化趋势明显。从转型路径来看,产业转型呈现一定的空间差异,已进入后工业化发展阶段的东岸以"创新发展,服务驱动"为主,服务化趋势明显;而发展相对滞后的西岸则是工业化和城镇化双轮驱动,呈现再工业化的发展模式。2012 年,珠三角九市高新技术产品出口突破 2000 亿美元。珠三角成功转型的关键在于其领先的综合创新能力,2013 年,规模以上工业企业新产品销售收入、研发活动经费内部支出总额以及规模以上工业企业研究开发人员数三项衡量企业创新能力的重要指标均位居全国前两位。

第二,承接世界产业转移,形成了电子信息、家电等企业群和产业群。珠三角地区聚集了广东省重要科技资源,是全省高新技术产业的主要研发基地,是中国规模最大的高新技术产业带,是国内乃至国际重要的高新技术产业生产基地、世界知名的加工制造基地和出口基地,是世界产业转移的首选地区之一,初步形成了电子信息、家电等企业群和产业群。其信息化综合指数达 67.6%,高出全省 3.3 个百分点。

第三,突出企业创新优势,逐步形成了以技术创新、产业化创新

---

① 珠江三角洲地区又被称为珠三角经济圈或珠三角都市经济圈,简称珠三角,1994 年由广东省政府确立,由位于我国广东省珠江三角洲区域的 9 个地级市组成,包括广州市、深圳市、珠海市、佛山市、惠州市、肇庆市、江门市、中山市和东莞市、汕尾深汕区,占地约 5.6 万平方公里,常住人口约 5616 万。

为主体的创新格局，区域创新能力逐渐增强。如深圳通过虚拟整合、引进或自建高等学校、研究机构等方式，弥补创新源头不足、单一以本土民营企业创新为主体的发展方式，知识创新和原发创新能力不断提高，在高技术领域取得了突出成就，成为中国的高新技术产业增长极，培育了若干国内首屈一指的创新型高技术大公司。

第四，推进人力资源与其经济资源紧密结合。20世纪90年代以来，珠三角区域内的经济合作日益加强，各个产业在不断深化合作、促进区域经济发展的同时，人力资源作为关键性因素也不断地加强交流和合作。珠三角地区各城市充分发挥自身的优势，在开展强化区域合作的基础上，不断拓展合作的空间和范围。在人力资源引进方面，珠三角地区凭借自己的开放性、包容性，吸引了全国各地的大量人力资源前往"淘金"，这其中不乏大批国际型人力资源。大量大中型企业汇集了大批科学家和工程师，使之建立了以企业为主体、以科研院所为依托的技术开发体系。这使珠三角地区克服了人力资源教育基础较为薄弱、人力资源自给率相对较低的劣势，逐步提升了企业科研开发、科技转化的能力。

总体来看，珠三角地区人力资源的优化配置，一方面得益于开放灵活的政策支持，实行"人力资源—资源"开发一体化，最大限度地满足珠三角各城市的不同需求；另一方面也得益于企业与人力资源的匹配，通过企业的积极参与，以更灵活多样的方式，促进人力资源的流动，并为其所用。

（三）环渤海地区人力资源优化配置的主要做法

与珠三角地区和长三角地区不同，环渤海地区区[①]是一个复合的经济区，由三个次级的经济区组成，即京津冀圈、山东半岛圈和辽宁半岛圈。

其主要做法包括：

[①] 环渤海地区也叫环渤海经济圈，简称环渤海。包括北京、天津两大直辖市及辽宁、河北、山西、山东和内蒙古中部地区，共五省（区）二市，共有城市157个，约占全国城市的1/4，其中，城区人口超百万的城市有13个；陆域面积达112万平方千米，总人口2.6亿。

第一，依靠特色优势，积极发展优势产业，形成了各具特色的产业集聚区。环渤海地区是我国最大的工业密集区，是我国的重工业基地和化学工业基地，具有资源和市场的比较优势。环渤海地区属资源型经济区域，以半导体、造船、汽车、家电和石油化工为主导产业，全国原油总产量的43%来源于此，煤炭探明储量占全国的60%左右，除此之外，海洋资源、渔业资源、农业资源也十分丰富。其中，北京是首屈一指的科技、文化、金融中心；天津滨海新区是通信、物流中心；河北地区的农业发展呈现蓬勃景象，生态农业成为一大特色；大连的软件产业及出口优势明显；山东的通信产业发展迅速，海尔、海信是具有代表性的龙头企业。

第二，凭借政策优势，先行先试。丰富的资源、便利的交通、雄厚的工业、先进的科技、密集的城市是环渤海经济圈的五大特色优势，凭借这些优势，已被定位并将打造成为北方对外开放门户、国际航运中心、金融试验区、国际物流中心、高新技术中心、制造业和研发基地、宜居生态型新城区七大区域功能中心。为了改善投资环境，国家相关部委和当地政府已相继出台了一系列政策支持：允许在管理体制创新、投融资体制改革、循环经济发展等方面先试先行；将基础建设、科教文化、智力引进、环境保护等方面的优惠政策逐渐辐射到环渤海经济区的所有省份，并从财政收入中拨出巨额资金兴建基础设施，如交通、水电、通信等方面；给予投资渤海经济区的企业优厚的税收优惠政策，如"三免一减"税政。随着投资资金的进入、企业的不断发展壮大，必然吸引大量的人力资源流入，也会使区域内现有人力资源能力得到充分的发挥。

第三，打造区域竞争优势。根据商务部2013年公布的国家级开发区投资环境评价结果，天津经济技术开发区综合评价总指数位居全国第一，这也是该区自商务部开展评价以来的"十五连冠"。作为国务院最早批准的14家国家级经济技术开发区之一，天津坚持投资主体多元化，逐步由依赖外资到向国有企业、民营企业、外资企业一视同仁，敞开大门，而且天津开发区坚持转方式、调结构，努力实现可持续发展。同时，作为企业经营外部环境的"管家"，天津开发区管委会通过举办服务早餐会、政策宣讲会、新入区企业见面会等为企业解决难题，提升服务企业水平，帮助企业提振信心。同时，该地区科技力量极为强大，仅北京、天津两大直辖市的科研院所、高等院校的科技人员就占全国的1/4。科技人力资源优势与资源优势构成了对国际资本的强大吸引力，推动着该地区的发展。

总体来看，环渤海地区以北京为核心，依靠强大的政策支持、激励，区域内众多的科研院所、高等院校的支撑，以及科技园区的建设形成了对人力资源的强大吸引力。而且，区域内不同行业的企业众多，为各种类型的人力资源提供了就业机会，加之其开放的交流环境，使供职人员得到了充分的锻炼与提升。

综上所述，国内发达地区充分运用了经济发展与人才资源配置的互动关系，优化了人才资源配置与经济发展、产业演进、政策引导、市场带动之间的内在联系。它们的主要做法可以归纳总结为：环境吸引、产业吸引、事业吸引、政策吸引、市场主导等，为东北地区完善人力资源配置的对策提供了有益的借鉴。

二 东北地区优化人力资源配置的对策建议

根据第六次全国人口普查的结果，东北地区每年净流出的人口约200万。其中，黑龙江省和吉林省均处于人口净流出状态。根据中国人力资源市场网的报告（见表5-1），2015年第一季度，求职人员意向求职地区排名情况较上季度无明显变化。东部地区仍是最受求职人员青睐的就业地区，所占比例为45.37%，环比上升4.63个百分点；西部地区意向求职人员所占比例为24.36%，环比上升1.53个百分点，基本保持稳定；中部地区意向求职人员所占比例为27.58%，环比下降4.01个百分点；而选择东北地区的求职人员仍最少，所占比例仅为2.68%，环比继续下降2.15个百分点。这些数据均表明，东北地区存在人力资源不足的现象。同时，人口长期净流出会导致人力资源大量流失，这对东北地区的经济发展无疑是雪上加霜——人口净迁出变化影响产业结构调整，不利于就业结构的质量提升，会加速人口老龄化的进程，造成人力资源大量流失。

表 5-1　　　　　求职人员意向求职工作地区情况　　　　单位:%

地区	2015年第一季度所占比重	2014年第四季度所占比重	环比
东部	45.37	40.74	4.63
中部	27.58	31.59	-4.01
西部	24.36	22.84	1.53
东北	2.68	4.83	-2.15

资料来源:2015年第一季度全国部分省市人力资源服务机构市场供求情况分析报告。

本章基于东北地区人力资源配置中的主要问题及原因,借鉴国内发达地区优化人力资源配置的有益经验,从人力资源配置机制出发,探讨东北地区优化人力资源配置的对策建议,即坚持政策引导和市场主导相结合、政府资金启动和社会资金带动相结合、项目植入带动和民营经济发展相结合、产业创新发展和区域便利性增强相结合等,创造人力资源实现利益或价值追求的环境与平台,带动人力资源集聚、配置优化、创新创造,增强区域竞争力,最终实现东北地区振兴。

(一) 营造良好的吸引人力资源的环境

我国西部地区、中部地区和东北地区都存在一定的人力资源流失问题,但其中以东北地区人力资源流失的情况最为严重,而且在东北地区内部黑龙江省的人力资源流失现象最为严重,吉林省次之,辽宁省也是刚刚从人力资源净流出地区逐渐转变成为人力资源净流入地区。因此建议,以主管人力资源的政府部门为主导,构建政府与社会以人力资源使用为核心的长效沟通机制,及时了解人力资源在使用过程中遇到的问题,必要时,通过政策手段,为人力资源积极性和创造性的充分发挥提供健康、和谐的人文环境。鼓励和倡导企事业单位创造符合自身特点的工作环境、生活环境,把人的发展和企业的发展结合起来,提高人力资源对其所服务单位的责任感、使命感与归属感。

(二) 着力提高企业竞争实力

企业是人力资源的最终落脚点,只有从本质上提升东北地区企业的竞争实力,才能更好地吸引并留住人力资源,而人力资源的集聚又会促进企业的发展,进一步提升企业的核心竞争力,从而形成良性循环。对于东北地区的企业而言,应该依托现有的资源优势,优化经济结构,把装备制造业做大做强,加快发展现代化大农业;大力发展服务业,改造提升传统产业;扩大基础设施建设;改变发展观念,把推动发展的着力点更多地放在创新上,提高企业创新产品的设计水平和研发能力,建设创新型区域经济发展模式。而企业创新水平的提升,关键是要将市场作为风向标,将应用技术作为突破口,最终实现产业化的目标;将目光着眼于一些战略产业和领域,作为重点发展对象,加大资金和科研的两方面投入,争取实现跨越式发展;大力推进公共技术服务平台和各类产业技术中心的建设,使其发挥突破重点技术研发"瓶颈"的关键作用。

(三) 着力推进产学研相结合

产学研相结合是企业、科研院所和高等学校之间在不同社会分工的前提下利用自身的资源优势相互配合,形成强大的科学研究、市场开发、生产一体化的先进系统,从而实现技术创新、人才培养、区域经济发展等功能。产学研是产业界、学术界和科研界深入的合作交流活动,是技术创新的上游、中游和下游间的对接与耦合,通常是产业界启动,以高等学校和科研院所研发为依托,为产业界提供必要的人才和科研成果,经过产业界的市场实践,实现高层次的技术创新,从而促进区域经济的发展。产学研相结合的目的是科学技术要相结合有效地转化为生产力,这就决定了其主体为高等学校、科研部门和企业,三大主体在产学研结合中扮演的角色并不相同,企业在市场经济的前提下寻求适合其发展的科研机构、高等学校人力资源,并为其提供研究和人力资源开发所需的资源,同时以其研究成果作为企业发展的原动力。[①] 而高等学校在此过程中强化了自身与企业的联系,使得学生能更好地适应企业的需求,培养高素质的专业人力资源来完成对行业内的转型需求。而且在人力资源产出的同时,学校进一步通过引进社会专业人力资源对高等学校的人力资源库进行充实,不断地提高输入社会的人力资源质量。同时,科研院所则借助企业的良好平台及

---

① 廖泉文:《异质型人力资本的需求》,《中国人力资源》2002年第6期。

资源，在技术上开发的同时完成对研究方向的调整与规划，以单纯的技术型研究机构转型成为技术、方向性兼顾的研究机构，同时通过企业的实践，检验了其研究结果的可行性。虽然产学研合作是企业、科研院所和高等学校之间的自主行为，但是，在实际结合过程中，受价值取向、利益分配等因素的影响，可能产生一些摩擦和市场风险，为了实现三方共赢，为区域内的产学研合作创造一个良好的外部环境，需要东北地区相关政府在产学研的管理、组织和协调等方面给予充分支持。东北地区应该建立长效的机构，制定总体规划，并专门协调产学研合作，对区域内部遇到的情况及时协调沟通，并制定相关法规，保护知识产权，维护产学研合作的各方利益，东地区高等学校和科研院所具有人力资源优势，政府应充分利用这一比较优势大力推进产学研的结合，将其纳入地方科技创新体系建设中；政府也应对区域内的产学研结合提供必要的财政支持，以前产学研都是企业出资，这会造成企业经营面临较大风险，也会让产学研结合过程中面临资金不足的可能性，如果有了政府专项资金的支持，在提高企业自身生产能力的同时，也能将产学研的结合真正进行下去，产学研结合基地才能得以落实，才能促进产学研在具有前瞻性、基础性、公共性项目的区域内合作。[①] 因此，东北地区政府应围绕区域经济建设的需要，加强对产学研项目的组织和协调，促进三大主体的有效融合，开发并推广一批关键技术，增强地方科技创新的原动力。

（四）重视教育投入

为实现东北地区人力资源的优化配置，地方政府应当加大基础设施建设，解决好路、水、电、通信等基础设施，改善投资环境，给予投资者一定的政策支持，吸引与本地区资源、现有经济发展水平等相适应的企业入驻。[②] 在此环境下，企业应充分发展自身实力，并通过市场的力量实现人力资源与企业的最优配置：一方面，企业聘用适合

---

① 李红霞：《创新型人力资本及其管理激励》，《西南交通大学学报》（社会科学版）2002年第3期。

② 姚宝刚：《人力资本投资与经济增长》，《工业技术经济》2004年第8期。

自身企业文化与发展的人力资源；另一方面，个人在企业能够实现自身价值的最大化。同时，东北地区应逐步弱化奖励性"留才"政策，更加重视保障性、发展性政策，着力衔接好"引、留、用"的各个引才环节，实现人力资源队伍综合实力增强和竞争力的提升，使引进的人力资源更好地为区域经济发展服务。总体来看，东北地区应逐步建立以政府引导、市场主导的人力资源配置机制。为此，一是要坚持引进区域外人才与留住区域内人才相结合。人力资源的质量和存量决定着区域内各行业、各部门经营管理水平的高低，是推动区域经济健康发展的关键问题。所以，各行业、部门要打破阻碍人力资源引进的体制性障碍，建立健全的引进人才政策，为人才的引进提供政策指导，吸引和留住人才。以德国、美国、日本等国家为典型代表的发达国家在扩大人力资源存量的过程中给我们提供了宝贵的经验，如美国制定了《加强 21 世纪美国竞争力法》，德国实施了"赢取大脑"工程，旨在留住自身优秀人才，吸引外来优质人力资源，留住自身人才和吸引外部人才同等重要，如果不能留住本土人力资源，所引进的外部人力资源也会慢慢地流失。在此过程中，各国制定了一系列优惠措施以吸引人才，如配套科研经费、科研奖励等。二是要坚持引进先进技术设备带动本国科技人力资源的培养。我们可以借鉴日本等亚洲新兴国家的经验，先从国外引进先进的技术和设备，然后在不断学习相关技术的过程中带动本国人力资源的培养，进而成为国内优秀的科技人力资源。这种人才培养模式与上述模式相比，最大的优点就是最终掌握先进技术的人才是本土人力资源，并非外来人员，这更能促进本地经济的发展。[①] 在科技资源配置投入方面，我国四大地区做得最好的是东部地区和中部地区，东北地区与东部地区和中部地区在科技资源配置投入方面依然存在较大的差距。因此建议，东北地区不仅要加大对科研经费的支出和对区域内企业、高等学校和相关科研机构的扶持力

---

① 张一力：《从人力资本结构看区域经济发展模式的选择》，《经济学动态》2005 年第 7 期。

度，同时也要在提高区域内人力资源与技术配置效率上下功夫。① 要想提高东北地区人力资源与技术的配置效率，就要积极培育和提升技术引进区域的人力资源存量水平，提高其对外来技术的消化、吸收和应用能力，进而实现该区域人力资源和技术之间的优化配置，以带动东北地区经济进一步增长。还要做好外来技术的本土化改进工作，根据东北地区人力资源质量的实际情况来适当改进和调整使用外来技术。三是要发展多层次的教育。教育并不是单一的学历教育，还包括职业教育、培训教育等。经济发展需要不同类型的人力资源，当然，也需要不同层次的教育。如德国的"双元制"教育，法国把大学分为普通学院和专业技术学院等都反映出了教育的多层次性。

（五）产业结构升级与人力资源配置相结合

在区域产业发展中，出现了行业单一、发展畸形等问题，这是由于传统的产业区域布局和行业定位存在着弊端，不利于产业结构与人力资源的对接。② 目前，产业结构调整和区域经济合作的国际环境十分优越，是东北地区发展的有利条件。在把握契机的前提下，要选择适合的经济发展模式，科学制定经济发展战略，特别是注重产业结构发展战略和人力资源配置发展战略的协调，使东北地区人力资源为经济发展发挥积极的作用。③ 需要注意的是，在配置人力资源过程中，应注意适当拓宽人力资源的知识结构，从而提升人力资源的适应性和可替换性，以此来缓解产业结构调整短期的易变性和人力资源配置结构相对稳定性之间的矛盾。

第一，建立东北地区一体化人力资源信息市场。要做实人力资源基础数据，以共享性原则，建立东北地区全员人力资源库，东北地区各个相关部门应当联合开展区域内人力资源存量调查，包括数量、质量和类别等，将区域内劳动者的就业和失业状况全部纳入东北地区人

---

① 孔宪香：《创新型人力资本分类研究》，《科技管理研究》2009年第7期。
② 许和连、亓朋、祝树金：《贸易开放度、人力资本与全要素生产率：基于中国省际面板数据的经验分析》，《世界经济》2006年第12期。
③ 蔡洁：《人力资本与经济增长的关系》，《合作经济与科技》2009年第14期。

力资源库。① 对区域内人力资源的流入和迁出进行备案，并将相关信息纳入人力资源库，对库内信息资源实施动态管理，以确保信息资源人人共享、查询方便，这不仅可以为相关机构和部门进行科学合理的人力资源配置规划提供参考依据，而且也能够为用人单位搜索相关人力资源提供及时、有效的信息支持②，用人单位可以通过人力资源库中的相关数据信息来初步判断求职者与其工作岗位的匹配度，降低其人力资源寻找成本。

第二，推进第三产业人力资源积累和农村剩余劳动力转移相结合。东北地区第三产业的人力资源配置效率虽然高于中部地区和西部地区，但其和东部地区相比仍然存在着较大的差距。因此，要加大在第三产业人力资源积累并提高其人力资源配置效率，而农村劳动者是第三产业就业人员的重要组成部分，因此，要在提高农村劳动者素质和有效转移农村剩余劳动力上下功夫，要继续深化和落实东北地区农村的九年义务教育工作，并改善农村的办学条件，加快农村职业教育发展以及加大对农村劳动者就业再培训的投入；要健全农村社会保障体系建设，确保在东北地区城市就业的农村劳动者在住房、医疗、保险和子女入学等方面得到合理的安排与保障。这样，才能够促进农村劳动力的转移并提升其劳动产出水平。

第三，鼓励东北人力资源内部交流沟通。东北地区内部，辽宁省人力资源无论是在教育资源配置、科技资源配置，还是在健康资源配置以及按三次产业划分的人力资源配置效率和总体人力资源配置效率上都要好于吉林省和黑龙江省。鉴于上述情况，并考虑到地缘优势的前提下，建议吉林省和黑龙江省有必要加强同辽宁省的交流与沟通，充分利用辽宁省高端人力资源的辐射和渗透作用来促进吉林省和黑龙江省人力资源整体水平的提升。同时，通过相关政策引导与市场调节相结合，建立起东北地区内部不同城市之间职业教育机构的合作机

---

① 陶小龙：《人力资本结构与经济增长关系探究》，《中国经贸导刊》2011 年第 9 期。
② 丁栋虹、刘志彪：《从人力资本到异质型人力资本》，《生产力研究》1999 年第 3 期。

制，充分发挥辽宁省职业教育资源优势，为吉林省和黑龙江省培养更多的实用型人力资源，以有效地解决其在产业结构调整与优化过程中所面临的劳动者素质和技能不匹配的"瓶颈"问题。

第四，着力推动开发区的建设。开发区是指地方政府为促进区域经济迅速发展而设置的专门机构，是一个国家或地区为吸引外部生产要素、促进自身发展而划出一定范围并在其中实施特殊政策和管理手段的特定区域。开发区在集聚人力资源方面具有重要的作用，尤其是产业发展成熟的开发区具备较强的要素集聚能力，将成为人力资源流入的集聚地。随着我国开发区设立政策的实施，东北地区也先后建立了一些开发区，其中最具有代表性的是辽宁省大连市，其在中国最具外资吸引力地市评价中以实际利用外资123.5亿美元荣膺2014年"中国最具外资吸引力地市百强"榜首。但是，其他省份的开发区发展状况不佳，并未实现开发区的真正作用。有鉴于此，各地应充分发挥开发区对本地经济的引领作用、对高新技术产业的聚集作用、对周边的辐射和带动作用，因地制宜地发展知识、技术与产业，抓好重点区域、重点产业、重点企业、重点产品，形成区域龙头示范、重要产业支撑、骨干企业引领、名牌产品带动的区域科技创新格局。另外，开发区管理委员会应积极为企业解决难题，提升服务企业的水平，帮助企业提振信心，做好人力资源的吸引与维系工作，真正地为本地人力资源谋发展、谋福利。

本章小结

本章基于人力资源配置的实证分析和国内发达地区的经验借鉴，结合东北地区存在的问题和原因，探讨了影响人力资源优化配置的主要因素，以及人力资源优化配置的机制与对策。影响人力资源优化配置的主要因素是：人的利益追求和价值实现是人口流动及其带来的人力资源配置的原始动力或最初动因；区域的产业发展基础和人力资源引导政策，是人力资源利益追求和价值实现的物质载体；区域的经济发展和便利性增强，意味着区域发展预期向好，是人力资源利益追求和价值实现的心理动机。基于各要素间的内在关系，构建了人力资源配置机制，即以满足利益追求和价值实现为核心，完善人力资源激励机制；以利于人力资源流动、配置为目标，完善人力资源流动机制；以提高人力资源配置效率为目的，完善人力资源的使用管理机制；以完善劳动保障为主要内容，健全人力资源社会保障机制；以市场机制作用为基础和主导，构建市场主导和政府引导相结合的运行机制。同时，提出了优化东北地区人力资源优化配置的对策，即营造良好的吸引人力资源的环境；着力提高企业竞争实力；着力推进产学研相结合；重视教育投入；产业结构升级与人力资源配置相结合。

附　录

中国东部地区历年相关变量指标数据

年份	医疗机构	卫生人员	劳动人口	固定资产	就业人数
2000	107918	2056980	320420	17485	4418
2001	107133	2058904	—	19453	4748
2002	103576	1968039	309303	22578	4050
2003	89917	1986076	310367	30064	4503
2004	96500	2039240	315080	37432	4661
2005	98780	2095349	—	45626	4958
2006	104827	2220114	320686	54637	5188
2007	104076	2357280	321846	64876	5413
2008	93872	2479491	322078	77735	5543
2009	298988	3038665	320133	95548	5775
2010	304501	3231757	386820	115854	6075
2011	307211	3408214	333293	130263	6784
2012	307272	3621238	325773	151922	7225
2013	315294	3884839	—	179098	8892
年份	毕业生（高）	高校数量	教工（高）	毕业生（中）	教工（中）
2000	402680	403	479576	586649	173079
2001	441832	482	521683	570547	150319
2002	585978	566	554444	555491	135577
2003	799806	619	616466	583983	137012
2004	1036995	699	673874	1288427	359687
2005	1294042	714	735385	1431530	363333

续表

年份	毕业生（高）	高校数量	教工（高）	毕业生（中）	教工（中）
2006	1544704	748	791875	1586414	368728
2007	1809438	769	840961	1700049	375990
2008	2078820	902	872431	1805925	378937
2009	2211485	915	898013	1909119	373399
2010	2369860	934	917692	1931777	369923
2011	2471394	971	932344	1924634	360213
2012	2536166	955	953085	1998698	350811
2013	2577910	969	—	—	—

资料来源：《中国统计年鉴》（2001—2014）。

中国中部地区历年相关变量指标数据

年份	医疗机构	卫生人员	劳动人口	固定资产	就业人数
2000	74996	1442394	240880	5597	2743
2001	80993	1448105	—	6394	3577
2002	68348	1329667	245291	7456	3161
2003	69654	1353089	250634	9486	2585
2004	69178	1373778	252497	12529	2574
2005	68317	1385521	—	16146	2590
2006	69286	1414414	231312	20897	2634
2007	65240	1474179	232510	27746	2626
2008	61940	1549393	230692	36695	2647
2009	262433	2054377	228090	49852	2738
2010	267532	2127033	25925	62891	2832
2011	273764	2208223	221060	70824	3142
2012	266086	2316385	215795	86615	3305
2013	273133	2477192	—	105740	3802

年份	毕业生（高）	高校数量	教工（高）	毕业生（中）	教工（中）
2000	226091	256	245668	459257	128187
2001	240194	303	272745	457874	112869
2002	323025	345	298164	419898	93923

续表

年份	毕业生（高）	高校数量	教工（高）	毕业生（中）	教工（中）
2003	471759	391	342095	409024	81066
2004	593504	451	394952	827429	215994
2005	807143	468	426625	999250	222255
2006	1049691	471	456880	1175951	241091
2007	1285307	481	483227	1392666	260582
2008	1495935	582	502234	1555284	267005
2009	1489044	596	518958	1659932	267147
2010	1613584	613	527715	1807698	260621
2011	1714780	658	541629	1738720	258747
2012	1755227	644	549576	1704941	249052
2013	1800090	659	—	—	—

资料来源：《中国统计年鉴》（2001—2014）。

中国西部地区历年相关变量指标数据

年份	医疗机构	卫生人员	劳动人口	固定资产	就业人数
2000	115711	1404885	243410	6111	2649
2001	113624	1393894	—	7159	2283
2002	104641	1314240	252363	8515	2013
2003	103055	1312113	254547	10844	2575
2004	100135	1318215	254762	13754	2571
2005	99894	1332594	—	17645	2606
2006	101103	1358230	233017	21997	2631
2007	96126	1441803	233552	28251	2725
2008	90311	1499445	232821	35949	2754
2009	280053	1954651	231144	49686	2816
2010	288631	2072178	25982	61892	2898
2011	296651	2211481	223815	72104	3163
2012	300255	2374321	219423	89009	3351
2013	309077	2600703	—	109261	3918

续表

年份	毕业生（高）	高校数量	教工（高）	毕业生（中）	教工（中）
2000	201983	249	240892	345313	137084
2001	221859	298	265491	364086	122470
2002	271289	331	284676	352854	111704
2003	385364	378	310871	373333	99170
2004	494789	409	348049	719761	217921
2005	637014	428	376896	814964	218076
2006	791886	460	414332	876788	223275
2007	956003	467	432276	944531	230347
2008	1054497	542	453133	1075151	238248
2009	1102492	554	467674	1204857	239203
2010	1234304	564	482735	1340621	238879
2011	1321406	599	498378	1385422	241640
2012	1369652	595	515112	1494943	238590
2013	1437708	610	—	—	—

资料来源：《中国统计年鉴》（2001—2014）。

中国东北地区历年相关变量指标数据

年份	医疗机构	卫生人员	劳动人口	固定资产	就业人数
2000	26146	686767	80000	2704	1448
2001	28598	683029	—	3086	1801
2002	29473	626133	81248	3486	1486
2003	28697	623508	81362	4212	1307
2004	30679	622395	81556	5580	1294
2005	32006	613387	—	7679	1249
2006	33753	626757	77675	10520	1260
2007	32966	633790	77142	13920	1260
2008	32214	640721	76431	18714	1248
2009	75097	733755	75902	23733	1244
2010	76263	766534	8665	30726	1246
2011	76763	778122	73910	32643	1324
2012	76684	796761	72829	41043	1355
2013	76894	817749	—	46540	1495

续表

年份	毕业生（高）	高校数量	教工（高）	毕业生（中）	教工（中）
2000	119013	133	146640	116018	49733
2001	132438	142	154510	110360	43297
2002	157017	154	166291	113296	40276
2003	220563	164	183191	118131	29765
2004	265864	172	193783	221322	85090
2005	329757	182	203167	246177	85507
2006	388427	188	209514	287118	88913
2007	427159	191	218062	275187	89157
2008	490246	237	223231	274564	89241
2009	508002	240	226806	322746	89728
2010	536497	247	228459	356428	87208
2011	573985	255	232468	362476	84481
2012	586293	248	236599	345258	82879
2013	571512	253	—	—	—

资料来源：《中国统计年鉴》（2001—2014）。

辽宁省历年相关变量指标数据

年份	医疗机构	卫生人员	劳动人口	固定资产	就业人数
2000	12564	300000	3157	1268	587
2001	13237	290000	—	1421	740
2002	13162	270000	31708	1606	560
2003	12533	269252	31409	2076	500
2004	14230	270325	31497	2980	503
2005	14925	265194	—	4200	497
2006	15876	273374	30162	5690	498
2007	14819	272720	30152	7435	496
2008	14627	274890	29840	10019	511
2009	34729	310007	29767	12292	510
2010	34805	316828	3424	16043	518
2011	35229	319116	29159	17726	580
2012	35792	329679	29181	21836	599
2013	35612	338443	34983	25108	689

续表

年份	毕业生（高）	高校数量	教工（高）	毕业生（中）	教工（中）
2000	53353	64	61707	35843	18651
2001	60271	66	65237	42499	16211
2002	72791	67	69667	42856	16560
2003	98908	70	75632	47479	15615
2004	115889	71	79093	104637	36036
2005	144984	76	82816	121551	36456
2006	154970	78	84535	125932	36913
2007	169576	79	87215	130513	35821
2008	202312	104	89848	129789	34817
2009	206211	107	91974	147303	34312
2010	219564	112	93183	142613	32736
2011	236341	114	94834	142226	32101
2012	235984	112	96584	131308	31282
2013	241049	115	97536	127767	29499

资料来源：《辽宁统计年鉴》（2001—2014）。

吉林省历年相关变量指标数据

年份	医疗机构	卫生人员	劳动人口	固定资产	就业人数
2000	5544	170000	20510	604	330
2001	7417	170000	—	702	380
2002	7556	160000	20564	834	310
2003	7695	161398	20736	969	292
2004	8219	161507	20762	1169	285
2005	8755	157021	—	1741	262
2006	9696	161438	19846	2594	266
2007	9683	160724	19573	3651	262
2008	9659	162303	19475	5039	262
2009	18543	180775	19222	6412	265
2010	19385	187106	2187	7870	268
2011	19785	192940	18458	7442	278
2012	19734	196395	18363	9512	285
2013	19913	200184	21708	9979	338

续表

年份	毕业生（高）	高校数量	教工（高）	毕业生（中）	教工（中）
2000	30480	34	41813	42018	14639
2001	34808	35	42914	37534	13653
2002	37825	40	44484	38009	13495
2003	52605	40	46950	25373	7558
2004	65011	42	49859	46695	25824
2005	83982	44	54689	52454	25454
2006	102484	45	56727	59549	27343
2007	108700	44	58531	68088	27369
2008	117946	55	59035	69512	28261
2009	127411	55	59770	81580	28189
2010	135951	56	59535	91836	28434
2011	141569	59	61429	96934	26978
2012	146517	57	62505	89817	26357
2013	146379	58	63002	83932	25215

资料来源：《吉林统计年鉴》（2001—2014）。

黑龙江省历年相关变量指标数据

年份	医疗机构	卫生人员	劳动人口	固定资产	就业人数
2000	8038	220000	27920	833	532
2001	7944	220000	—	964	680
2002	8755	200000	28976	1046	610
2003	8469	192858	29217	1166	515
2004	8230	190563	29297	1431	506
2005	8326	191172	—	1737	490
2006	8181	191945	27667	2236	497
2007	8464	200346	27417	2833	503
2008	7928	203528	27116	3656	475
2009	21825	242973	26913	5029	469
2010	22073	262600	3054	6813	460
2011	21749	266066	26293	7475	466
2012	21158	270687	25285	9695	471
2013	21369	279122	30448	11453	468

续表

年份	毕业生（高）	高校数量	教工（高）	毕业生（中）	教工（中）
2000	35180	35	43120	38157	16443
2001	37359	41	46359	30327	13433
2002	46401	47	52140	32431	10221
2003	69050	54	60609	45279	6592
2004	84964	59	64831	69990	23230
2005	100791	62	65662	72172	23597
2006	130973	65	68252	101637	24657
2007	148883	68	72316	76586	25967
2008	169988	78	74348	75263	26163
2009	174380	78	75062	93863	27227
2010	180982	79	75741	121979	26038
2011	196075	82	76205	123316	25402
2012	203792	79	77510	124133	25240
2013	184085	80	77234	91783	23790

资料来源：《黑龙江统计年鉴》（2001—2014）。

参考文献

[1] [美] 阿林·杨格、贾根良:《报酬递增与经济进步》,《经济社会体制比较》1996 年第 2 期。

[2] [美] 彼得·德鲁克:《管理的实践》,机械工业出版社 2006 年版。

[3] 边雅静、沈利生:《人力资本对我国东西部经济增长影响的实证分析》,《数量经济与技术经济研究》2004 年第 12 期。

[4] 蔡洁:《人力资本与经济增长的关系》,《合作经济与科技》2009 年第 14 期。

[5] 陈晓迅、夏海勇:《中国省际经济增长中的人力资本配置效率》,《人口与经济》2013 年第 6 期。

[6] 陈雷、支大林:《吉林省人力资源配置与经济增长的关系分析》,《东北师范大学学报》2014 年第 3 期。

[7] 崔建华:《我国现阶段人力资本配置的制度约束与制度创新》,《科学管理研究》2007 年第 4 期。

[8] 戴启文、杨建仁:《产业结构升级与人力资本水平关系的实证研究——以江西省为例》,《江西社会科学》2007 年第 12 期。

[9] [美] 大卫·李嘉图:《政治经济学及赋税原理》,光明日报出版社 2009 年版。

[10] 丁栋虹、刘志彪:《从人力资本到异质型人力资本》,《生产力研究》1999 年第 3 期。

[11] 冯子标:《人力资本营运论》,经济科学出版社 2000 年版。

[12] 高远东、花拥军:《异质型人力资本对经济增长作用的空间计量实证分析》,《经济科学》2012 年第 1 期。

［13］高素英：《人力资本与经济可持续发展》，中国经济出版社 2010年版。

［14］关凤利：《东北地区城市人力资源开发存在的主要问题及政策建议》，《经济纵横》2012 年第 11 期。

［15］胡德龙：《人力资本与经济发展：理论与实证》，江西人民出版社 2008 年版。

［16］韩淑梅、金兆怀：《东北地区人力资源与人力资本在三次产业中分布的非均衡性研究》，《东北师范大学学报》（哲学社会科学版）2010 年第 3 期。

［17］胡永远：《人力资本与经济增长：一个实证分析》，《经济科学》2003 年第 1 期。

［18］胡静林：《人力资本与员工持股制度》，《国有资产管理》2001年第 2 期。

［19］胡学勤、李肖夫：《劳动经济学》，中国经济出版社 2001 年版。

［20］侯风云、付洁、张凤兵：《城乡收入不平等及其动态演化模型构建——中国城乡收入差距变化的理论机制》，《财经研究》2009 年第 1 期。

［21］侯力：《劳动力流动对人力资本形成与配置的影响》，《人口学刊》2003 年第 6 期。

［22］［美］加里·贝克尔：《人力资本——特别是关于教育的理论与经济分析》，北京大学出版社 1987 年版。

［23］焦斌龙、焦志明：《中国人力资本存量估算：1978—2007》，《经济学家》2010 年第 9 期。

［24］孔宪香：《创新型人力资本分类研究》，《科技管理研究》2009年第 7 期。

［25］孔令锋、黄乾：《论人力资本产权的配置功能》，《经济问题》2003 年第 10 期。

［26］赖德胜、纪雯雯：《人力资本配置与创新》，《经济学动态》2015 年第 3 期。

［27］廖泉文：《异质型人力资本的需求》，《中国人力资源》2002 年

第 6 期。

[28] 梁小民:《高级宏观经济学教程》下册,北京大学出版社 2001 年版。

[29] 李忠民:《人力资本:一个理论框架及其对中国一些问题的解释》,经济科学出版社 1999 年版。

[30] 李亚玲、汪戎:《人力资本分布结构与区域经济差距:一项基于中国各地区人力资本基尼系数的实证研究》,《管理世界》2006 年第 12 期。

[31] 李新伟、贾琳:《东北地区人力资源结构及省际差异比较研究》,《东北亚论坛》2006 年第 4 期。

[32] 李涛:《人力资本市场运行机制与制度创新》,《湖南师范大学社会科学学报》2003 年第 3 期。

[33] 李福柱、周立群:《基于区域经济差异的人力资本结构研究——以东、中、西部地区为例》,《科学管理研究》2008 年第 6 期。

[34] 李红霞:《创新型人力资本及其管理激励》,《西南交通大学学报》(社会科学版) 2002 年第 3 期。

[35] 刘传江、董延芳:《异质人力资本流动与区域经济发展——以上海为例》,《中国人口科学》2007 年第 4 期。

[36] 刘莹:《辽宁省人力资源合理配置研究》,《财经问题研究》2004 年第 2 期。

[37] 刘志刚:《人力资本配置对经济增长的意义分析》,《商场现代化》2008 年第 32 期。

[38] 卢福财:《人力资源经济学》,经济管理出版社 2003 年版。

[39] 陆根尧:《论人力资本的产业间配置》,《上海综合经济》2001 年第 6 期。

[40] 卢晓月:《浅论人力资本的配置》,《山西财经大学学报》2000 年第 22 期。

[41] 马克思:《资本论》第一卷,人民出版社 2004 年版。

[42] 秦江萍、张文斌:《中国人力资源配置机制的思考》,《石河子大学学报》(哲学社会科学版) 2002 年第 1 期。

[43] 秦江萍、闫淑敏、段兴民:《我国人力资本投资、配置:问题

与建议》,《科学学与科学技术管理》2003 年第 6 期。

[44] 沈利生、朱运法:《人力资本与经济增长分析》,社会科学出版社 1999 年版。

[45] 宋晓梅:《经济体制转型进程中人力资本市场化配置制度的发展及创新》,《内蒙古工业大学学报》2005 年第 1 期。

[46] 宋家乐:《中国人力资本及其分布同经济增长的关系研究》,《中国软科学》2011 年第 5 期。

[47] 孙长虹:《浅谈东北振兴中的人力资源能力建设》,《长白学刊》2008 年第 3 期。

[48] 孙淑军:《物质资本、人力资本投资对产出水平及经济增长的影响》,《西安工业大学学报》2012 年第 1 期。

[49] 陶小龙:《人力资本结构与经济增长关系探究》,《中国经贸导刊》2011 年第 9 期。

[50] 王旭辉:《我国人力资本配置方式优化的探析》,《学术交流》2011 年第 4 期。

[51] 王琳:《区域间人力资本的非均衡配置与改善措施》,《山东财政学院学报》2006 年第 1 期。

[52] 王庆丰:《我国产业结构与就业结构协调发展研究述评》,《华东经济管理》2010 年第 7 期。

[53] 王美霞:《我国区域人力资源配置效能比较研究——基于省际面板数据的实证分析》,《新视野》2010 年第 6 期。

[54] 王娇:《东北地区人力资源流动问题分析》,《科技创新导报》2010 年第 26 期。

[55] 王金营:《人力资本与经济增长——理论与实证》,中国财政经济出版社 2001 年版。

[56] 王秀丽、徐枞巍、张慧渊:《企业人力资本价值实现的所有权状态依存性研究》,《企业经济》2006 年第 4 期。

[57] 王进、李萍:《人力资本参与企业剩余分配的理论探讨》,《经济问题探索》2002 年第 12 期。

[58] 魏建中:《人力资本范畴探析》,《经济论坛》2004 年第 22 期。

［59］魏奋子：《人力资本分类探析》，《甘肃理论学刊》2000 年第 4 期。

［60］吴宇晖、张嘉昕：《东北老工业基地资源型城市发展接续产业中人力资源开发研究》，《东北亚论坛》2005 年第 2 期。

［61］韦吉飞、罗列：《中国人力资本结构与经济结构互动效应实证分析》，《北京理工大学学报》2008 年第 3 期。

［62］谢园园、梅姝娥、仲伟俊：《产学研合作行为及模式选择影响因素的实证研究》，《科学与科学技术管理》2011 年第 3 期。

［63］许和连、亓朋、祝树金：《贸易开放度、人力资本与全要素生产率：基于中国省际面板数据的经验分析》，《世界经济》2006 年第 12 期。

［64］熊治泉：《人力资源与区域经济发展关系的研究》，《管理观察》2009 年第 14 期。

［65］［英］亚当·斯密：《国民财富的性质和原因的研究》，商务印书馆 1972 年版。

［66］颜鹏飞、王兵：《技术效率、技术进步与生产率增长——基于 DEA 的实证分析》，《经济研究》2014 年第 12 期。

［67］闫淑敏、秦江萍：《人力资本对西部经济增长的贡献分析》，《数量经济与技术经济研究》2002 年第 11 期。

［68］严善平：《人力资本、制度与工资差别——对大城市二元劳动力市场的实证分析》，《管理世界》2007 年第 6 期。

［69］严瑛：《对振兴东北老工业基地人力资源问题的思考》，《行政论坛》2005 年第 2 期。

［70］姚伟峰：《中国劳动力不均衡对技术效率进步影响实证研究》，《工业技术经济》2007 年第 4 期。

［71］姚宝刚：《人力资本投资与经济增长》，《工业技术经济》2004 年第 8 期。

［72］姚先国、张海峰：《教育、人力资本与地区经济差异》，《经济研究》2008 年第 5 期。

［73］姚丽霞、房国忠：《东北地区人力资源开发战略研究》，《东北师范大学学报》2012 年第 4 期。

[74] 俞梅珍：《论中国人力资本配置机制的变化与完善》，《常德师范学院学报》（社会科学版）2000 年第 9 期。

[75] 张国钦、刘卫东、赵千钧：《不同类型人力资本配置及其区域经济效应》，《人口与经济》2010 年第 5 期。

[76] 张志勇：《论人力资本的含义、形成、配置和收益》，《理论学刊》2008 年第 11 期。

[77] 曾宪荣、黄理：《我国人力资本配置的制度特征及矫正》，《求实》2004 年第 10 期。

[78] 赵程华、郭琳：《东北振兴的人力资源优势及问题分析》，《人口学刊》2005 年第 5 期。

[79] 赵青华：《东北三省人力资源供给安全评价研究》，《大连大学学报》2014 年第 1 期。

[80] 郑伟：《人力资本配置及其制度研究》，《科技进步与对策》2004 年第 4 期。

[81] 仲伟俊、梅姝娥：《企业技术创新管理理论与方法》，科学出版社 2009 年版。

[82] 邹薇、代谦：《适宜技术、人力资本积累与长期增长》，《中国制度经济学年会论文集》，2003 年 8 月。

[83] 张一力：《从人力资本结构看区域经济发展模式的选择》，《经济学动态》2005 年第 7 期。

[84] 张友祥：《区域农业保险形成机理及发展模式研究》，中国社会科学出版社 2010 年版。

[85] 张晓阳、赵普：《经济增长阶段与人力资本积累阶段关联机制研究——对中国西部地区实证考察》，中国经济出版社 2008 年版。

[86] 周立新：《人力资本配置的系统研究》，《商业研究》2003 年第 8 期。

[87] 朱诩敏、钟庆才：《广东省经济增长中人力资本贡献的实证分析》，《中国工业经济》2002 年第 12 期。

[88] 朱冬梅：《我国目前人力资源配置机制研究》，《软科学》1999

年第3期。

[89] 朱翠萍、汪戎:《人力资本理性配置的制度因素分析》,《经济学家》2009年第3期。

[90] 朱承亮:《中国经济增长效率及其影响因素的实证研究:1985—2007年》,《数量经济与技术经济研究》2009年第9期。

[91] Aghion, P. and Howitt, P., "A Model of Growth through Creative Destruction", *Econometrica*, Vol. 60, No. 3, 1992.

[92] Barro, Robert J. and Jong-Wha Lee, "International Measures of Schooling Years and Schooling Quality", *The American Economic Review*, Vol. 86, No. 2, 1996.

[93] Becker, G. S., *Human Capital*, Columbia University Press, 1964.

[94] Becker, G. S. and B. R. Chiswick, "Education and the Distribution of Earnings", *The American Economic Review*, Vol. 56, No. 1/2, 1966.

[95] Belton Fleisher, Haizheng Li and Minqiang Zhao, "Human Capital Economic Growth, and Regional Inequality in China", *Journal of Development Economics*, Vol. 92, No. 2, 2010.

[96] Bhatta, S. D. and Lobo, J., "Human Capital and Per Capita Product: A Comparison of US States", *Papers in Regional Science*, Vol. 79, No. 4, 2000.

[97] De La Croix, David and Matthias Doepke, "Inequality and Growth: Why Differential Fertility Matters", *The American Economic Review*, Vol. 93, No. 4, 2004.

[98] Edward Lawler, "Make Human Capital a Source of Competitive advantage", *Marshall Research Paper Series: Social Science Research Network*, 2009, pp. 36–54.

[99] Galor, O. and Tsiddon, D., "The Distribution of Human Capital and Economic Growth", *Journal of Economic Growth*, No. 2, 1997, p. 93.

[100] Giannini, M., "Accumulation and Distribution of Human Capital: the Interaction between Individual and Aggregate Variables", *Eco-

nomic Modelling, No. 20, 2003, p. 1053.

[101] Gomes, O., "Decentralized Allocation of Human Capital and Nonlinear Growth", Computational Economics, Vol. 31, No. 5, 2008.

[102] Grossman, G. M. and Helpman, E., "Quality Ladders in the Theory of Growth", Review of Economic Studies, Vol. 58, No. 1, 1991.

[103] Guaitoli, D., "Human Capital Distribution, Growth and Convergence", Research in Economics, No. 54, 2000, p. 331.

[104] Guironnet, J. P. and Peypoch, N., "Human Capital Allocation and Overeducation: A Measure of French Productivity", Economic Modelling, Vol. 24, No. 3, 2007.

[105] Jonas Ljungberg and Anders Nilsson, "Human Capital and Economic Growth: Sweden 1870 – 2000", Cliometrica, Journal of Historical Economics and Econometric History, Vol. 13, No. 111, 2009.

[106] Klenow, P. and Rodriguez – Clare, P., "The Neoclassical Revival in Growth Economics: HasIt Gone Too Far?", NBER Macroeconomic Annals, No. 12, 1997, p. 73.

[107] Lodde, S., "Human Capital and Growth in the European Regions. Does Allocation matter? Economic Growth and Change", National and Regional Patterns of Convergence and Divergence, Edward Elgar, 1999, pp. 86 – 97.

[108] Lucas, Robert, "On the Mechanic of Economic Development", Journal of Monetary Economics, No. 22, 1988, p. 3.

[109] Marcel Fafchamps and Agnes R. Quisumbin, "Human Capital, Productivity and Labor Allocation in Rural Pakistan", FASID Discussion Paper Series on International Development Strategies, Tokyo: Foundation for Advanced Studies on International Development, 1997, pp. 19 – 46.

[110] Mankiw, G., D. Romer and D. Weil, "A Contribution to the Empirics of Economic Growth", The Quarterly Journal of Economics, Vol. 107, No. 2, 1992.

[111] Mincer, J., "Human Capital Responses to Technological Change", *NBER Working Paper*, December, 1989.

[112] Martin, M. G. and Herrana, A. A., "Human Capital and Economic Growth in Spanish Regions", *IAER*, No. 4, 2004, p. 257.

[113] Nelson, R. and E. Phelps, "Investment in Humans, Technological Diffusion and Economic Growth", *The American Economic Review*, Vol. 56, No. 1/2, 1966.

[114] Robert E. Lucas, "On The Mechanic of Economic Development", *Journal of Monetary Economics*, Vol. 22, No. 1, 1988.

[115] Romer, Paul M., "Increasing Returns and Long – Run Growth", *Journal of Political Economy*, Vol. 94, No. 5, 1986.

[116] Romer, P. M., "Endogenous Technological Change", *Journal of Political Economy*, Vol. 98, No. 5, 1990.

[117] Schultz, T. W., "Investment in Human Capital", *The American Economic Review*, Vol. 51, No. 4, 1961.

[118] Schultz, Theodore W., *Education and Economic Growth in Social Forces Influencing American Education*, NB Henry Chicago: University of Chicago Press, 1961.

[119] Schultz, T. W., "Capital Formation by Education", *Journal of Political Economy*, Vol. 68, No. 6, 1960.

[120] Sequeira, T. N., "Human Capital Composition, Growth and Development: An R&D Growth Model Versus Data", *Empirical Economics*, No. 32, 2007, p. 41.

[121] Simon Kuznets, *Economic Growth of Nations: Total Output and Production Structure*, Harvard University Press, 1971.

[122] Solow, R. M., "A Contribution to the Theory of Economic Growth", *Quarterly Journal of Economics*, Vol. 70, No. 2, 1956.

[123] Uzawa, Hirofumi, "Optimal Technical Change in an Aggregative Model of Economic Growth", *Review of International Economics*, No. 6, 1965, p. 18.